청소년을 위한 사랑 에세이

철학자 강영계 교수가 청소년을 위해 쉽게 풀어쓴
사랑에 관한 모든 것

청소년을 위한 사랑 에세이

강영계 지음
건국대 철학과 명예교수

해냄

머리말

이 세상에 사랑만큼 듣기만 해도 가슴이 떨리는 말이 있을까? 선함과 아울러 희망, 행복과 같은 말들도 우리의 삶에 생명력을 불어넣기는 하지만 선함, 희망, 행복 등은 사랑이 없으면 금방 시들어 버리고 만다.

우리가 힘들고 괴로운 하루하루를 버텨 나갈 수 있는 것은 바로 사랑의 힘 때문이다. 『성경』에 "믿음과 소망과 사랑 중에 사랑이 으뜸이다"라는 말이 있다. 믿음과 소망은 오직 나 개인의 것에 지나지 않지만, 사랑은 나의 사랑, 나와 너의 사랑, 인간 사랑, 자연 사랑, 예술 사랑, 학문 사랑, 종교적 사랑 등 혼자서는 할 수 없기 때문이다.

청소년들이 사랑이라는 말에서 가장 먼저 떠올리는 것은 육체적인 성적(性的) 사랑이다. 그런데 만일 성적 사랑에만 집착해 황홀한 쾌감의 순간 말고는 추구할 줄 모른다면 결국 불안과 고통만 경험할 것이다. 건전한 성적 사랑을 맞이하기 위해서는 몸과 마음의 성숙과 아울러 생식기의 구조, 성욕, 성 행동, 임신과 출산 등에 관해 제대로 알지 않으면 안 된다.

사랑에 대해 제대로 알고 실천적으로 사랑할 때 청소년들은 사랑의 멋과 맛을 경험하면서 성숙한 사랑의 세계로 한발 걸어 들어갈 수 있다. 그렇다면 우리는 과연 무엇을 사랑하고, 어떻게 사랑하며, 왜 사랑하는가? 그 해답은 진리를 사랑하며 아름다움을 사랑하고 선을 사랑하는 데 있다. 학문적 사랑, 예술적 사랑 그리고 종교적 사랑에 대한 앎은 넓은 의미의 사랑이 무엇인지 알려 준다.

나는 이 책을 통해 가까운 사랑과 먼 사랑 그리고 좁은 의미의 사랑과 넓은 의미의 사랑을 다양한 관점에서 바라보려고 했다. 그리고 무엇보다도 청소년들과 사랑에 관해 함께 대화하며 호흡하려고 노력했다. 이러한 노력이 청소년들의 진실한 사랑에 한 방울 이슬이라도 될 수 있기를 바라는 마음이다.

현대 사회는 갈수록 디지털화, 가상공간화되고 있으며, 인간의 물질적 욕망은 끝을 모른 채 오직 충족만을 위해서 몸부림친다. 현대인은 모든 대상을 도구화하고 계량하면서 욕망 충족의 대상으로 만들고 있다. 현대인은 인간마저도 도구화의 대상으로 삼고 있다. 어떻게 보면 현대 사회는 사랑을 망각한 황량한 사회다.

지금 청소년들이 사랑을 깊이 있게 바라보지 못한다면, 그리고 한 걸음 더 나아가 바로 이 순간 자신과 타인과 자연, 사회, 인류 그리고 세계와 우주에 대한 사랑의 힘을 깨닫지 못한다면 인류의 미래는 말 그대로 암울할 것이다. 사랑의 힘이 없는 사회는 욕망 충족을 위해 몸부림치는 인간 기계들로 우글거릴 것이기 때문이다. 자기 자신과 아울러 세계를 진정으로 사랑할 줄 아는 청소년들이야말로 역동적인 미래의 주인공이 될 수 있다.

항상 청소년들의 교육을 고민하는 해냄출판사 송영석 대표와 편집진 여러분과 함께 이 책을 만들었다. 진심으로 고마움을 전한다.

2016년 봄

강영계

| 차례 |

3장 몸이 자라면 마음도 성장한다

4장 사랑의 발자취를 찾아라

5장 성과 사랑의 연관 관계

6장 예술 속 사랑의 모습

7장 사랑에도 정답이 있을까

1장

사랑이라는 감정이 시작된 곳은?

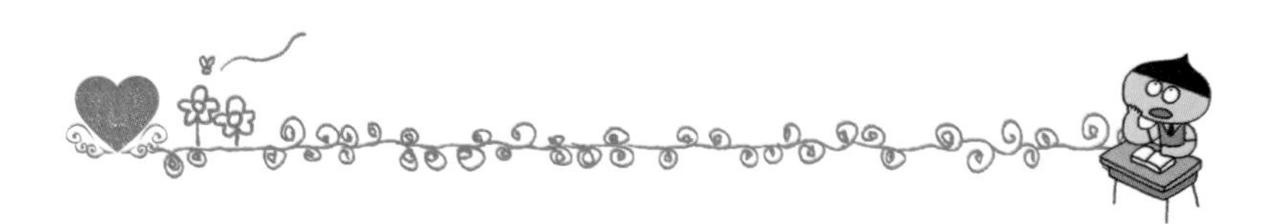

사랑이란, 뭐지?

삶은 고통과 기쁨 그리고 사랑과 증오의 끊임없는 반복이자 연속이다. 그중에서도 사랑에는 다양한 종류가 있다.

먼저 친구 사이의 사랑인 우정을 살펴보자. 누가 봐도 그렇게 친할 수가 없고 때로는 형제자매보다 더 친밀하며 서로의 비밀을 공유하는 친구가 있다고 가정하자. 두 친구의 우정은 변하지 않고 영원할 것처럼 생각된다. 하지만 그런 우정도 하루아침에 깨질 수 있다. 또한 우정이 불신과 증오로 변하기도 한다.

우정만큼이나 아슬아슬하고 식기 쉬운 것이 또 있다. 그것은 젊은 남녀의 사랑이다. 목숨을 다 바쳐 사랑한다던 연인들이 언제 그랬냐는 듯 태도가 돌변해 상대를 경멸하고 증오하는 경우도 많다.

진아와 선생님의 사랑 탐구에 관한 대화를 들어 보자.

"선생님, 사랑은 삶의 에너지 같아요. 인간이나 동물이나 태곳적부터 사랑을 했겠지만, 사랑이 학문 탐구의 대상으로 본격적으로 연구되기 시작한 것은 언제예요?"

"진아가 흥미로운 주제를 꺼냈구나. 독일의 형태심리학◆자 분트◆는 인간의 능력을 지(知), 정(情), 의(意)로 나누고 사랑을 여러 가지 정서들 중 하나로 보았단다. 1960년대 사회심리학이 발달하면서 인간과 동물의 사랑에 관한 심리학적 연구가 본격적으로 시작되었어. 그리고 1980년대에는 남녀 간의 낭만적 사랑에 관한 연구가 활발해졌지. 사람들이 사랑의 의미, 유형, 사랑과 연관된 개념, 이론 등에 관심을 가지고 여러 각도에서 연구하게 된 거야."

"그런데 선생님, 사랑은 감정이에요, 아니면 정서예요?"

"우선 감정과 정서를 구분해 봐야겠지. 감정은 주관적 느낌에 대한 의식 경험이란다. 다시 말해서 흥분된 주관적 심리 상태에 대한 느낌이 바로 감정이야. 그런가 하면 경험적 의식 내용으로서의 감정이 밖으로 드러나서 행동 반응이 나타나는 상태가 정서란다. 그러니까 정서는 감정보다 포괄적인 개념이지. 말하자면 정서는 감정을 포함하고 있다고 할 수 있어."

"그러면 제가 엄마를 사랑할 때 엄마에 대한 사랑은 정서이고, 이

형태심리학
게슈탈트 심리학이라고도 하며, 정신 현상을 감각적 요소의 집합으로 보지 않고 그 자체가 전체로서의 구조나 특질을 갖고 있다고 보는 심리학으로, 베르트하이머, 쾰러, 코프카, 레빈 등의 베를린학파가 제창했다.

분트(1832~1920)
독일의 심리학자, 생리학자, 철학자. 실험심리학을 주창하고 세계 최초로 실험심리학 연구소를 설립했으며, 형태심리학의 창시자다. 의식을 여러 요소가 결합된 심리 과정이라고 보고, 이런 요소들이 통합하는 법칙을 해명하기 위해 애썼다.

정서는 아늑한 느낌인 감정을 포함하고 있다고 말해도 될까요?"

"아주 구체적이고 적절한 예를 들었는걸. 진아도 이제 어엿한 아가씨가 되고 사랑의 정서에 눈을 뜰 시기가 된 것 같구나. 그런데 진아야, 사랑의 정서는 아주 복잡하단다."

"선생님, 현대 심리학에서는 사랑을 탐구하는 데 세 가지 이론적 접근법이 있대요. 그것들은 심리 역동적 접근 이론, 상호 의존 이론, 자기 확장 모델 이론이에요."

"진아가 아주 제법인데. 나도 현대 심리학 책들을 좀 읽기는 했지만 사랑에 관한 세 가지 탐구 이론은 오늘 처음 듣는구나. 이번에는 진아가 선생님한테 사랑에 관한 세 가지 탐구 이론을 설명해 주겠니?"

"네, 저 혼자 찾아서 읽어 보고 정리한 거라 부족하겠지만요. 심리 역동적 사랑은 프로이트의 정신분석학을 기본으로 한 거예요. 인간은 구강기, 항문기, 성기기, 잠복기를 거쳐 사춘기(생식기)를 맞아요. 구강기 때 젖을 제대로 먹느냐 못 먹느냐에 따라, 그리고 항문기 때 배변 습관을 제대로 훈련받느냐 아니냐에 따라, 성인이 되어 사랑하는 방식이 달라진다는 것이 심리 역동적 접근 이론이에요. 여기에서 접근은 탐구나 마찬가지예요."

"잘 알겠다. 세 살 버릇 여든 간다는 말이구나. 영아나 유아 시절에 부모의 사랑을 얼마만큼 받느냐에 따라 사랑이 넘치는 사람이 될 수도 있고 사랑에 인색한 사람이 될 수도 있다는 이야기지? 그럼 상호 의존 이론에 의하면 사랑은 어떤 거니?"

"현대 심리학자들 중에는 인간의 상호 의존 관계에서 사랑이 생긴다고 주장하는 사람들이 있어요. 모든 사랑은 어떻게 보면 인간관계에서 생기지요. 하긴 사랑뿐만 아니라 모든 정서 역시 인간관계에서 생기죠. 인간관계에서 타인의 손해를 바라는 정서는 원한이나 복수일 거예요. 반대로 인간관계에서 나 자신을 희생하고 타인의 이익을 바라는 관계가 바로 사랑이에요."

"그러니까 사람들이 서로 의존하면서 자신이 손해를 보더라도 상대방의 이익을 위한다면 상호 의존 이론에서 말하는 사랑이라는 거지? 그렇게 보면 상호 의존 이론이 가장 상식적인 이론 같구나. 남녀 간의 사랑이나 형제애나 우정 그리고 가족 간의 사랑도 잘 들여다보면 구성원들이 나로 인한 손해를 감내하고 내 이익이나 쾌감을 원하니까, 우리가 보통 사랑이라고 부르는 것은 상호 의존 이론으로 설명이 가능하겠네. 그럼 마지막으로 자기 확장 모델 이론은 어떤 거지?"

"인간은 누구든지 자기 자신을 보존하고 사회적 관계 속에서 자신을 이해하려고 해요. 사람들은 자신의 정체성, 능력, 관점 등이 자아를 구성한다고 믿어요. 더 나아가 타인과 인간관계를 발전시키고 그 관계를 통해 자기 확장을 극대화하려고 하는데, 이 경우 우리는 타인을 사랑하게 되죠."

어떻게 보면 삶은 끊임없는 사랑의 과정이다. 사랑은 고정되어 있지 않고 삶이 진행되는 동안 성숙한다. 성숙한 사랑을 할 줄 아는 사람은 인간다운 삶을 살 줄 아는 인격체로서의 실존◆이다.

실존
실존 철학에서, 개별자로서 자신의 존재를 자각하며 존재하는 인간의 주체적인 상태를 가리킨다.

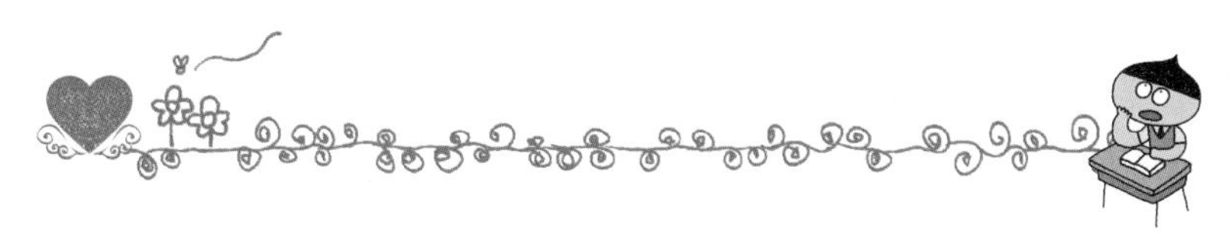

판도라의 신화

그리스 로마 신화에 나오는 '판도라'를 살펴보면 사랑이 얼마나 복잡한 것인지 이해할 수 있다. 판도라의 상자는 사랑의 정체가 무엇인지 보여 주는 하나의 예다.

프로메테우스는 야페토스와 클레메네라는 두 거인 남녀 사이에서 태어난 자식으로, 에피메테우스, 아틀라스, 메노이티오스라는 세 형제와 함께 성장했다. 어느 날 프로메테우스는 진흙을 빚어 인간을 창조했고, 자신이 만든 인간들을 사랑했다.

올림포스에 제사용 짐승을 바칠 때가 다가왔다. 프로메테우스는 짐승의 고기를 둘로 나누었다. 하나는 겉으로 보면 소 내장이지만 속에는 맛있는 살코기가 가득 들어 있었다. 다른 하나는 보기 좋은 기름 덩어리이지만 속에는 뼈만 들어 있었다. 프로메테우스는 자기가 사랑하는 인간들에게 살코기를 주기 위해 속임수를 쓴 것이다. 프로메테우스는 소 내장과 기름 덩어리를 제우스 앞에 내놓고 마음대로 고르라고 했다. 제우스는 프로메테우스의 마음을 꿰뚫어 보면서도 일부러 기름 덩어리를 골랐지만, 이미 속으로는 화가 나 있었다. 그다음부터 올림포스 제사가 끝나면 인간들은 소 내장에 들어 있는 맛있는 살코기를 배불리 먹을 수 있었다. 그러나 프로메테우스는 이 일이 있은 후로 제우스의 미움을 샀다.

한편, 제우스는 인간들을 불 근처에 오지 못하게 했다. 그러나 프로메테우스는 인간들에게 불의 사용 방법을 가르쳐 주어 인간들이 풍요롭게 사는 모습을 보고 싶었다. 프로메테우스는 하늘에서 몰래 불을 훔쳐서 구멍 뚫린 장대에 불을 붙여 인간들에게 갖다주었다. 인간들은 불로 맛있는 요리를 해 먹을 수 있었으며, 더 나아가서 수공업과 다양한 기술 문명이 발달할 수 있었다.

제우스는 화가 머리끝까지 나서 프로메테우스를 카우카수스 산꼭대기에 묶어 놓았다. 그러자 낮에는 독수리가 날아와 프로메테우스의 간을 쪼아 먹었고, 밤이면 프로메테우스의 간은 다시 자라났다. 제우스의 아들 헤라클레스는 이 끔찍한 모습을 더 이상 볼 수 없어서 독수리를 죽이고 프로메테우스를 구했다.

제우스는 인간들을 벌하기 위해서 헤파이토스에게 명해 판도라를 빚게 했다. 판도라의 원래 뜻은 '모든 것을 선물 받은 자' 또는 '모든 것을 부여하는 최고의 여신'이다. 헤파이토스는 모든 인간들을 매혹시킬 만한 절세 미녀를 만들기 위해 오랫동안 고민했다. 드디어 모든 신들의 외모에서 풍기는 매력을 한꺼번에 본떠서 가장 아름다운 미녀를 만들었다. 헤파이토스는 절세 미녀를 창조해 그녀의 이름을 판도라로 짓고 그녀를 '아름다운 악'이라고 불렀다. 제우스는 헤파이토스의 재주를 칭찬한 후, 판도라와 판도라의 상자를 인간 세상에 내려보냈다.

제우스의 계획을 미리부터 알고 있었던 프로메테우스는 자기 형 에피메테우스에게 제우스의 선물은 아무리 값진 것이라도 절대로 받지 말라고 경고했고, 에피메테우스도 그러겠노라고 철석같이 약속했다. 그러나 에피메테우스는 판도라의 눈부신 아름다움을 보는 순간 사랑에 빠져 버리고 말았다. 그는 곧장 판도라를 아내로 맞았다.

제우스는 판도라를 인간 세상에 내려보낼 때 판도라의 상자도 함께 주면서 판도라에게 상자를 절대로 열지 말 것을 명했다. 판도라는 상자에 무엇이 들어 있는지 궁금해서 견딜 수 없었다. 판도라는 에피메테우스에게 한 번만 살짝 열어 보자고 간청했으나, 에피메테우스는 프로메테우스의 말을 기억해 내고 결코 상자를 열어서는 안 된다고 말했다. 그러나 계속되는 판도라의 간청에 에피메테우스는 상자를 열어도 된다고 허락했다.

판도라가 상자를 여는 순간 향긋한 냄새가 사방으로 퍼져 나갔으며 상자에 들어 있던 무수한 악들이 한꺼번에 쏟아져 나와 눈 깜짝할 순간에 인간들의 정신 속으로 들어가 버렸다. 이때 악뿐만 아니라 행복도 상자에서 쏟아져 나왔다.

이렇듯 판도라의 신화에서 사랑이 결코 단순하거나 간단한 것이 아니라는 사실을 알 수 있다. 프로메테우스의 인간 사랑, 제우스의 증오와 분노, 불의 유용성, 아름다운 판도라에 대한 에피메테우스의 사랑, 무수한 악과 행복 등은 판도라 및 판도라의 상자가 우리에게 제시해 주는 주제들이다. 이 주제들의 관계는 바로 복잡한 사랑의 정체를 암암리에 밝혀 준다. 프로메테우스의 인간 사랑은 제우스의 프로메테우스에 대한 증오와 분노를 일으킨다. 그러나 프로메테우스의 인간 사랑은 불의 유용성 및 기술 문명의 발달을 가져온다.

인간에 대한 제우스의 분노는 판도라에 대한 에피메테우스의 사랑과 연관되지만, 에피메테우스의 사랑은 결국 악으로 가득 찬 사회를 불러들이고 만다. 사랑이라는 정서는 여러 가지 다양한 정서들과 뒤섞여 있으면서 동시에 다른 정서로 전환될 수 있는 충동 또는 욕망의 에너지다. 우리가 사랑의 승화 내지 정화를 말할 수 있는 것은 바로 사랑이 고정 불변한 것이 아니라 인간의 의지에 따라 바뀔 수 있는 것이기 때문이다.

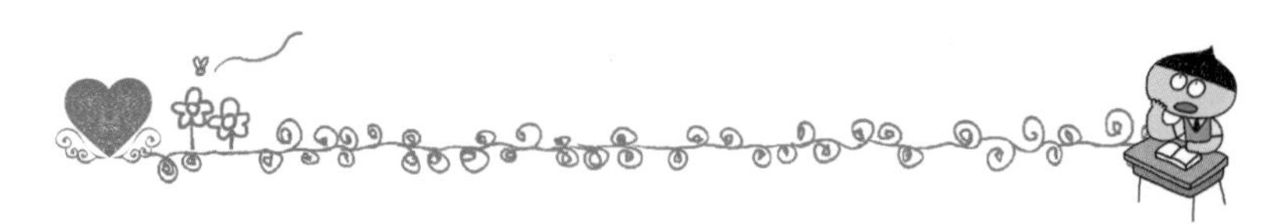

감정의 변화를 추적한다

사랑은 매우 복잡한 정서라서, 연민으로 변하기도 하고 심한 경우에는 증오로 변하기도 한다. 아름다운 사랑이나 숭고한 사랑을 오래 간직하려면 자기 수양과 아울러 끊임없는 학습과 훈련이 필요하다. 사랑도 갈고닦아야만 빛나는 것이다.

사랑이라는 정서가 무엇인지 알기 위해서는 사랑과 가까운 관계를 가지고 있는 몇 가지 정서들, 예컨대 쾌감, 공포, 분노, 불안, 희망 등을 살펴볼 필요가 있다. 욕구나 동기가 채워지면 우리는 쾌감을 느낀다. 따라서 쾌감이라는 정서의 내용은 욕구 내지 동기의 충족이다. 이와 반대로, 욕구나 동기가 충족되지 못할 때 불쾌가 생긴다.

"나는 어릴 때부터 화가가 꿈이었어. 틈틈이 그림을 그렸고 시간이

날 때마다 학원에 다니면서 그림을 배웠지. 그런데 어저께 우연히 유명한 화가에게 내 그림을 보여 줄 기회가 있었어. 그 화가는 내 그림을 보자마자 정성은 갸륵한데 기초가 안 되어 있다는 거야. 화가에게도 화가 치밀었지만, 나 자신이 너무도 실망스러웠어."

이 경우 화가가 되려는 욕구가 충족되지 못했기 때문에 자연히 불쾌감이 증대될 수밖에 없다.

공포 정서는 공포스러운 자극에 대한 반응으로, 낯설고 갑작스러우며 강한 자극 이후에 나타난다. 아이들은 뱀, 호랑이 등 특정 대상에 대해 공포심을 느끼지만, 어른들은 주로 실패에 대해 공포심을 느낀다. 시기나 질투 역시 일종의 공포다.

"저 앞집 여자는 돈푼깨나 있는지 외제차를 끌고 다니더라. 나를 별 볼일 없는 여자로 아는지 인사를 해도 선글라스도 안 벗고 인사도 받는 둥 마는 둥 홱 지나쳐 버리는 게 정말 교양 없어 보이더라니까. 몸매가 좀 따라 주는지는 몰라도 신발이니 옷이니 모두 명품만 걸친 것이 정말 꼴사나워서, 나 참!"

사람들은 자기가 갖지 못한 것을 남이 가졌을 때 두려워한다. 애정의 대상을 남이 빼앗아 갈지도 모른다는 공포에 사로잡힐 때는 질투심이 불타오르게 마련이다.

그런가 하면 분노의 내용은 욕구 좌절이다. 사람들은 어떤 경우에 불같이 화를 내는가? 사람들은 자신의 기대나 욕구가 채워지지 않을 때 분노한다. 대부분의 경우 분노는 직접적이며 노골적인 공격 행동으로 나타나지만, 성인들 간에는 공격적인 행동이 간접적으로 나타나기도 한다.

"우리가 사귄 지 벌써 1년하고도 4개월이 지났어. 나는 말 그대로 한눈 한 번 팔지 않고 당신만을 생각했어. 처음에 굳게 약속했잖아. 무슨 일이 있더라도 우리의 소중한 사랑을 지켜 나가자고. 그런데 당신은 지금 나에게 어떤 태도를 취하고 있는 거야? 솔직히 말해 한눈 팔면서 양다리를 걸치고 있는 셈이잖아. 그러니까 내가 화 안 나게 생겼어? 그것도 내 친구랑 말이야. 나한테 거짓말하고 내 친구랑 섬에도 놀러 갔다 왔잖아. 내가 모를 줄 알았어? 어떻게 제정신으로 그럴 수가 있어? 나는 당신을 도저히 용서할 수 없어."

"다른 건 다 참을 수 있는데 내가 달동네에 살고 우리 부모님이 돈이 없고 배우지 못했다고 아이들이 나를 왕따시키는 것은 도저히 참을 수 없어. 한 인간을 평가할 때는 그 사람의 됨됨이와 능력을 보고 평가해야 하는 거 아니야? 부모님의 재산이나 권력을 보고 평가하다니, 너무 치사한 거 아니야?"

이상의 예에서 본 것처럼 분노는 여러 가지 공격 형태로 표현될 수 있다. 불안은 어떤 정서일까? 불안은 공포와 마찬가지로 일종의 두려움이지만, 공포와는 질적으로 다르다. 우리는 호랑이나 곰 앞에서, 그리고 폭력이나 전쟁에 대해 공포감을 느낀다. 대상이 뚜렷한 두려움은 공포다. 그러나 불안은 대상이 명백하지 않은 두려움으로, 공포보다 오래 지속된다.

"얼마 전에 앞집에 강도가 들었대. 훤한 대낮에 초등학생 둘이서 집에 있었다나 봐. 아버지는 직장에 가고 어머니는 볼일이 있어서 부모가 모두 집에 없었다는 거야. 강도는 이런 사정을 알고 몰래 문을 따고 들어와서 아이들에게 칼을 들이대고 손발을 꽁꽁 묶은 다음에 현금과 패물을 모두 훔쳐 갔대. 어린애들이 얼마나 놀랐을까? 강도가 칼을 내밀었을 때 아이들이 얼마나 공포에 떨었겠어."

"인간은 막연한 삶에서 불안을 느껴. 미래에 대해서도 불안을 느끼지. 어디 그뿐인가? 죽음에 대해서도 불안을 느껴. 사랑한 지 꽤 되는 연인들은 자기들의 사랑에 대해서도 불안을 느끼는 것이 사실이라고."

공포, 분노, 질투, 불안 등의 정서는 불쾌감을 동반한다. 그리고 인간은 안정, 기쁨, 사랑 등의 정서를 회복해서 쾌감을 얻으려고 한다. 희망이나 절망도 사랑에 가까운 정서다. 성공에 대한 기대감은 희망이고, 실패에 대한 예감은 절망이다. 공포, 분노, 질투, 불안, 안정, 기쁨, 희망, 절망 등 다양한 정서들은 사랑의

변증법
대화의 기술이라는 뜻에서 나온 말로, 질문과 답변에 의해 진리에 도달하는 방법을 말한다.

정서와 밀접하며 변증법◆적인 관계에 있다.

다시 말해 사랑은 가까운 관계를 가진 정서들과 뗄 수 없을 뿐만 아니라 언제든지 그런 정서들로 변할 수도 있는 정서다. 그리고 모든 정서들의 원천은 무의식적인 충동이라고 할 수 있다.

어떻게 우리는 사랑에 빠질까

실험에 의하면 3~5세의 아이들도 18세의 청소년들과 마찬가지로 정열적인 사랑의 정서를 지니고 있다고 한다. 인간적 사랑은 친밀감과 책무 그리고 열정을 포함하는 정서다. 연인 사이의 애정, 친구 사이의 우정, 모성애 등은 모두 친밀감, 책무, 열정을 포함한다.

그렇다면 어떤 경우에 친밀감을 느낄까? 우리는 서로에게 정직하고 마음을 열고 이해할 수 있을 때 친밀감을 느낀다. 상대를 배려하며 상대방을 위해 헌신하는 태도는 책무를 느끼는 자세다. 사랑의 정서는 친밀감과 더불어 책무를 동반한다.

"너를 처음 만났을 때 어떤 이유에서인지 나는 네가 친밀하게 느껴졌어. 처음 만난 자리에서 우리는 실존 철학에 관해 대화를 나눴

키르케고르(1813~1855)
덴마크의 철학자. 실존 철학에 큰 영향을 끼쳤다. 그는 저서 『죽음에 이르는 병』에서 죽음에 이르는 병은 절망이며, 신앙에 의해 그 병을 치유할 수 있다고 했다.

지. 너는 키르케고르◆에 대해서 네가 아는 대로, 그리고 네 나름대로 이해한 그의 철학에 대해 솔직하게 이야기했어. 나는 네가 솔직하게 마음을 열고 있다는 걸 알 수 있었어. 그래서 친밀감이 느껴졌나 봐."

"내가 너한테 왜 노트를 빌려 주었는지 알아? 사실은 너한테 친밀감이 느껴지더라고. 그래서인지 책임감도 느껴지더라. 너를 위해서라면 뭐든지 해 줘야겠다는 생각이 들었어. 너에게 도움이 되는 일이라면 뭐든지 말이야. 그래서 내 수학 노트를 빌려 준 거야. 모르는 게 있으면 물어봐. 무엇이든 가르쳐 줄게."

인간적 사랑은 친밀감과 책무를 포함한다. 그런데 남녀 간의 사랑에는 친밀감과 책임감 외에도 열정이 있어야 한다. 서로 바라보거나 대화를 하거나 스킨십을 하는 등 상대로 인해 흥분하고 행복감에 젖기 때문이다. 이것은 곧 남녀 간의 열정에는 성적인 표현과 흥분, 행복감이 포함된다는 뜻이다.

어떤 사람은 사랑을 열정적 사랑과 동지애로 구분한다. 남녀 간의 사랑이나 동성 간의 사랑은 처음에는 열정적이다. 남녀가 첫눈에 반할 때 남녀는 사랑의 불꽃에 눈이 멀어 열정적인 사랑에 빠진다. 열정적 사랑은 타인과의 합일을 강렬히 바란다. 동성 간에도 마음에 꼭 드는 친구를 만날 경우 두 사람 사이의 우정은 열정적이다. 그런데 열정적 사랑은 쉽게 식어 버리는 경향이 있다. 그러나 남녀 간의 사랑이나 우정이 동지애의 성격을 띠게 되면 쉽사리 식지 않고 긴 생명력을 갖게 된다.

존 앨런 리◆와 클라이드 헨드릭◆ 같은 현대 심리학자들은 인간의 사랑을 여섯 종류로 나누었다. 에로스는 낭만적이며 정열적인 사랑이다. 루두스는 라틴어로 게임을 뜻하는데, 불장난과도 같은 연애, 유희의 사랑이다. 다시 말해 진지함이 결여된 남녀 간의 사랑이다. 신뢰를 기반으로 한 사랑인 스토르게에 해당하는 것은 우정이다. 우정 내지 우애는 불타는 에로스나 장난기 섞인 루두스와 달리 마음속에 오래 담아 두는 사랑이다. 몰두하는 사랑인 마니아는 상대방을 소유하려 하거나 상대방에게 한없이 의존하려고 몰두하는 사랑이다. 프라그마는 행위, 사실, 행해진 것 등을 뜻하는 그리스어에서 따온 말로 실제적인 사랑, 다시 말해서 남녀가 서로 실용적인 관점에서 관계를 맺는 사랑을 뜻한다. 아가페는 모든 것을 희생하는 이타적인 사랑이다.

존 앨런 리
캐나다 출신의 사회심리학자로 사랑을 색채의 3원색에 비유했다. 세 개의 원색에서 여러 가지의 색채 조합이 이루어지듯이, 사랑도 세 가지의 원색과 교차되는 부분에서 파생되는 색, 즉 여섯 가지 형태의 사랑이 있다는 것이다.

클라이드 헨드릭
미국 텍사스 공대 심리학 교수로 재직하며, 사랑과 성적 태도에 관한 연구에 주력하고 있다.

보통 우리가 생각하는 사랑은 인간 사이의 사랑이다. 남녀의 사랑, 우정, 모성애, 인류애, 형제애 등은 모두 인간 사이의 사랑이다. 반면, 자연 사랑, 예술 사랑, 종교적 사랑 등은 인간 사이의 사랑과는 성격이 다르다. 그렇지만 모든 사랑에는 친밀감, 책임감, 열정 등이 필수적이다. 개나 고양이를 사랑하고 키우는 사람들도 마찬가지다. 그들에게도 개나 고양이에 대한 친밀감, 책임감, 열정이 없다면, 다시 말해서 개나 고양이에 대한 사랑이 없다면 함께 살면서 키울 수 없을 것이다.

관점에 따라서 사랑을 인간적 사랑(에로스), 철학적 사랑(필리아), 종교적 사랑(아가페)으로 나눌 수 있다. 존 앨런 리나 클라이드 헨드릭처럼 여섯 가지 유형으로 나눌 수도 있으며, 더 적거나 많게 나눌 수도 있다.

그런데 인간의 사랑과 가장 밀접한 개념에는 어떤 것들이 있을까? 그것은 좋아함과 성, 결혼일 것이다. 이 세 가지는 사랑과 가장 가까운 개념이다.

젊은이들은 상대방에게서 유사성을 느끼고 존경심을 가질 때 상대방을 좋아한다. 일반적으로 처음 데이트하는 남녀는 우선 서로를 좋아한 다음 일정 시간이 지난 후에 서로 사랑하게 된다. 사랑과 섹스는 거의 동시에 일어난다. 강간이나 성매매, 성폭행 등은 사랑이 완전히 배제된 것이므로 정상적인 성관계라고 할 수 없다.

결혼은 사랑과 뗄 수 없는 관계다. 드물기는 하지만 정략결혼과 같은 것은 사랑이 결여된 결혼이다. 사랑은 결혼하기 위한 필수조건이다. 따라서 사랑은 결혼 생활을 원만하게 유지하기 위해 없어서는 안 될 조건이기도 하다.

오랫동안 결혼 생활을 순탄하게 끌어가는 일은 생각보다 쉽지 않다. 오랜 결혼 생활 중에 산전수전 다 겪으며 누구나 한 번쯤은 이혼을 생각해 본다. 안 그런 부부는 거의 없을 것이다. 이런 고비를 극복

할 수 있게 해 주는 것 또한 사랑이다. 남녀는 서로 좋아하고 사랑하면서 결혼 생활을 통해 성적 쾌감을 느끼는 동시에 자식을 출산해 가정의 화목을 누린다.

그러나 결혼 생활은 마라톤과도 같다. 수없이 많은 증오와 반감의 언덕을 넘고 관용과 자비와 사랑으로 서로를 감싸 안을 때 비로소 길고 긴 결혼이라는 마라톤 코스를 완주할 수 있다.

이유 없는 결과는 없다!

사랑의 정서는 매우 복잡하기 때문에 한마디로 단순하게 정의할 수 없다는 것을 살펴보았다. 사랑은 인간과 인간 사이의 관계(태도)에서 성립하는 정서다. 넓게 보면 사랑은 인간과 대상 사이의 관계에서 성립하는 인간의 정서다. 그렇기 때문에 인간은 산, 들, 나무, 하늘, 바다 등의 자연을 사랑한다. 그리고 인간은 자기 자신을 사랑하고 형제와 부모를 사랑한다. 인간은 예술 작품을 사랑하고 종교적 절대자를 사랑한다.

어떤 경우에든 사랑을 미숙한 사랑과 성숙한 사랑으로 구분할 수 있다. 다음에 나오는 진아와 어머니의 대화를 들어 보자.

"엄마, 이기적인 사랑도 사랑이라고 할 수 있을까요?"

"진아야, 이기적인 사랑은 말로만 사랑이지, 사랑이 아니야. 이기적인 사랑이라는 말에는 문제가 많으니까 이기적 태도라고 고치는 편이 낫겠다. 사랑이란 친밀감, 책임 그리고 열정을 가진 인간의 태도란다. 그렇다면 이기적인 사랑이라는 말은 성립할 수 없겠지."

"어떤 드라마를 보니까 주인공 남자가 '나는 사랑의 승리자야! 나는 내 사랑을 쟁취했어. 나야말로 진정한 사랑의 승리를 맛보았어!' 하고 외치더라고요. 이 남자 주인공은 남의 여자를 자기 여자로 만들었다고 기뻐했는데, 정말 이런 사랑이 참다운 사랑일까요?"

"진아야, 네가 보기에도 이상하지? 우리 삶에서 의미 있고 가치 있는 사랑이란 아까 말한 대로 친밀감, 책임감, 열정이 함께하는 정서야. 그런데 그 드라마의 주인공이 말한 사랑이란 단지 소유욕의 충족인 것 같구나. 그건 사랑이 아니라 이기적인 태도일 뿐이야."

"그럼 그 주인공의 사랑은 미숙한 사랑이라고 말해도 될까요?"

"맞아. 빼앗고 빼앗기는 사랑은 성숙한 사랑과는 거리가 멀단다. 타인을 수단으로만 생각하고 오로지 자기 자신만을 삶의 목적으로 여기면서 타인을 자기 마음대로 하는 것을 사랑이라고 여기는 사람은 사랑의 의미를 전혀 모르는 사람이지."

"엄마, 그럼 성숙한 사랑은 어떤 거예요?"

"글쎄……. 쉽지 않은 질문이구나. 진아야, 지금 막 생각났는데 테레사 수녀◆님이 행한 사랑이야말로 성숙한 사랑이 아닐까? 테레사 수녀님은 가난하고

테레사 수녀(1910~1997)
알바니아계 인도 국적의 로마가톨릭교회 수녀로, 1928년 수녀원에 들어가 인도 콜카타에서 평생을 가난하고 병든 사람을 위해 봉사했다. '사랑의 선교 수녀회'를 설립했으며 1979년 노벨 평화상을 받았다.

병든 사람들에게서 친밀감을 느끼고 또 그들에게 무한한 책임감을 느껴서 그들을 위해 열정적으로 헌신했으니까 말이야. 이 엄마는 사랑이라는 말을 들으면 테레사 수녀님의 사랑이 먼저 떠오른단다."

"인간에 대한 사랑만이 아니라 자연에 대한 사랑도 성숙한 사랑일 수 있을 것 같아요. 등산을 하면서 쓰레기를 치우는 사람도 있잖아요. 또 어떤 사람은 해변을 산책하면서 깨진 병이나 쓰레기를 봉지에 담아 가더라고요. 이런 사람들은 모두 자연을 사랑하기 때문에 몸소 실천하는 거라고 생각돼요. 그리고 강아지를 기르는 사람들을 보면 정말 신기해요. 강아지를 자기 자식처럼 아끼고 헌신적인 걸 보면 강아지에 대한 사랑이 굉장한 것 같더라고요. 그런데 엄마, 자기 식구들이나 주위 사람들보다 강아지를 더 애지중지하는 사람들이 있는데 그런 태도는 이해가 잘 안 돼요."

"당연하지. 사랑이란 친밀감과 책임과 열정을 가진 인간의 태도라고 했지? 드물기는 하지만 개를 키우는 사람들 중에는 인간을 증오하기 때문에 오직 개만 사랑하는 사람들도 있단다. 그들은 인간은 받은 만큼 돌려주지 않고 배신도 잘하지만, 개는 베푼 만큼 꼭 돌려줄 뿐만 아니라 절대 주인을 배신하지 않고 충실하다고 말하지. 이런 태도는 인간에 대한 증오심을 강아지를 사랑함으로써 대체하려는 것인데, 이런 사랑 또한 성숙한 사랑이라고 볼 수 없단다."

"그렇다면 성숙한 사랑이란 결국 인격체의 사랑이라고 말할 수 있겠네요?"

"성숙한 사랑은 무르익은 사랑이잖니? 그래서 남녀의 성숙한 사랑은 좋아함과 성과 결혼이 종합될 때 가능한 거야. 물론 결혼 전 연인 사이의 사랑도 성숙한 사랑이 될 수 있어. 그런데 조건이 있지. 상대를 수단으로 여기지 말고 목적으로 존중해야 한단다."

"엄마, 그럼 예술적 사랑이나 종교적 사랑에도 성숙한 사랑과 그렇지 못한 사랑이 있을까요?"

"당연하지. 자신의 타고난 목소리와 기교만 믿고 노래를 하는 가수가 있다고 해 보자. 아무리 그 사람의 노래가 아름답다 해도 그에게 예술적 사랑이 없다면 듣는 사람에게 감동을 줄 수 없단다. 예술적 영혼이 부족하기 때문이지. 예술적 영혼이 부족한데 예술적 열정이 있을 리 없잖니?

종교적 사랑도 마찬가지야. 일요일마다 빠지지 않고 교회에 나가서 열심히 기도하고 이웃을 사랑하라고 외치는 사람이 있다고 하자. 하지만 종교적 체험이나 열정 없이 습관적으로만 사랑을 이야기한다면 그의 사랑은 미숙한 거지."

인간은 왜 사랑을 하는 것일까? 우선 자신의 존재를 확인하고 가능성을 실현하기 위해 사랑을 한다. 다음으로 나와 너를 우리로 합하기 위해서 사랑을 한다. 결국 우리는 증오를 극복하기 위해 사랑하는 것이다.

인간의 위대함은 살려는 의지에 있다. 살려는 의지의 핵심은 사랑의 힘이다. 우리는 사랑의 힘에 의해 끊임없이 죽음의 힘을 넘어선다.

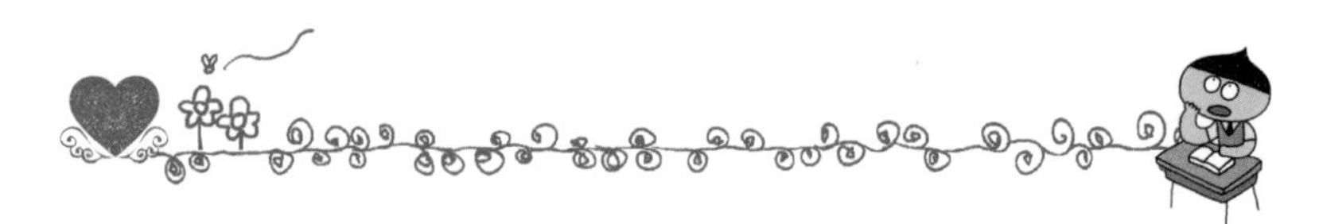

우울함을 이기는 에로스의 힘

현대 사회는 멜랑콜리(우울증)에 물들어 있다. 현대 사회를 살아가는 수많은 사람들은 삶을 무가치하며 무의미하다고 생각하고 무기력에 빠져 자신들이 죽어 있는 건지, 살아 있는 건지 모르는 채 하루하루를 보낸다. 이런 사람들은 멜랑콜리에 빠진 사람들이다. 유명 가수나 영화배우가 우울증으로 자살하는 경우도 종종 뉴스에 보도된다.

멜랑콜리는 일종의 정신병적 우울증이다. 프로이트에 의하면 어린 시절 엄마의 젖을 충분히 먹으면서 엄마의 따뜻한 사랑을 받고 자란 사람은 성인이 되었을 때 사랑을 베풀 줄 아는 인격체가 된다. 그러나 어렸을 때 엄마의 젖과 사랑을 제대로 누리지 못하고 성장한 사람은 인간성 자체가 차갑고 각박하게 되어 버리고 만다.

현대 사회는 겉으로 보면 화려하기 그지없다. 산뜻한 자동차들, 초고층 아파트와 빌딩, 쭉 뻗은 도로, 불빛 찬란한 상가들……. 이러한 환경에서 인간들은 풍요롭게 사는 듯 보인다. 일요일이면 강변의 공원과 도로에 자전거와 인라인 스케이트의 행렬이 끊이지 않는다. 곳곳에서 음악회와 미술 전시회가 열리며, 매일 수없이 많은 책이 쏟아져 나온다. 얼핏 보기에 우리는 성숙한 문화를 마음껏 즐기고 있는 것 같다. 그러나 그 내면을 들여다보는 순간 놀라지 않을 수 없다.

현대 사회를 특징짓는 것은 생산과 소비다. 무엇을 위한 생산과 소비인가? 인간은 매일같이 자신의 욕망을 충족시키기 위해 엄청난 물건을 생산하고 소비한다. 욕망 충족은 곧 쾌감이자 쾌락이기 때문이다.

그런데 현대인은 삶의 여유를 망각해 버리고 말았다. 현대인은 최대한 욕망을 충족시키기 위해 어디까지 이렇게 무한 질주를 할 것인가? 현대인은 너나 할 것 없이 모두 이기주의의 노예가 되어 있다. 오로지 자신만의 욕망을 충족하기 위해 악의적으로 타인에 대한 적대감과 증오심을 품고 있다. 겉으로는 큰소리치고 웃지만, 속으로는 비탄과 고통에 젖어 있다. 대부분의 사람들은 사랑한다고 외치지만 그런 외침은 표면적이고 형식적이고 공허한 외침일 뿐이다. 타인에 대한 증오심과 적대감은 결국 자기 자신을 향한다.

오늘날 많은 사람들은 겉보기에는 화려한 삶을 살아간다. 하지만 자신의 삶을 돌아보면 왜 살아가는지도 모른 채 살아가는 자기 자신의 모습을 발견하고 경악하게 될 것이다.

멜랑콜리에 빠진 사람에게는 친밀감이나 책임감도 무의미하며 열정도 없다. 멜랑콜리 역시 일종의 정신적 에너지다. 따라서 멜랑콜리를 어떻게 사랑의 힘으로 전환시킬 수 있느냐 하는 것은 중요한 문제다.

정신분석학자 프로이트가 멜랑콜리에 빠진 여성을 치료한 사례를 보면, 건강하지 못한 상태에서 건강한 상태로 삶의 태도를 전환시키는 실마리를 찾을 수 있을 것이다.

어린아이와 같은 자기도취증◆으로 퇴행한 19세 여성이 있었다. 이 여성은 자신이 전혀 가치 없는 인간이므로 죽어 버리는 것이 당연하다고 외치곤 했다. 여성은 병원에서 가위, 면도칼, 손톱 등으로 자신의 왼발을 찌르고 할퀴면서 여러 차례 자살을 시도했다. 프로이트가 이 여성을 분석하고 치료하는 동안 여성은 억압되었던 과거의 기억을 털어놓기 시작했다.

이 여성은 생김새나 행동 등 여러 면에서 어머니를 많이 닮았다. 어느 날 갑자기 군인 한 명이 집으로 와서 어머니를 칼로 찔러 살해했다. 밖에서 볼일을 보고 집에 들어선 이 여성은 피범벅이 된 끔찍한 시체의 왼팔에 있는 점을 보고 겨우 자기 어머니임을 확인할 수 있었다. 그 후 이 여성은 모든 것을 포기한 채 될 대로 되라는 심정으로 방탕한 생활에 몸을 맡겼다. 자신과 어머니를 동일시하고 엄마에 대한 증오와 적개심을 자기 자신에게 향하도록 했던 것이다.

이 여성이 자신과 어머니를 동일시한 것을 투사(投射)◆라고 한다.

자기도취증
스스로에게 황홀하게 빠지는 것으로, 나르시시즘이라고도 한다. 그리스 신화의 미소년 나르키소스가 호수에 비친 자신의 모습에 반해서 물에 빠져 죽은 것에서 유래했다.

투사
자신을 정당화하는 무의식적인 마음의 작용. 자신의 성격, 감정, 행동 등을 스스로 납득할 수 없거나 만족할 수 없을 때 다른 사람이나 사건의 탓으로 돌려서 자신은 그렇지 않다고 생각하는 방어 기제다.

투사에서는 사랑과 미움이 엇갈린다. 프로이트의 분석 치료를 받던 어느 날 이 여성은 우연히 유리창을 깨뜨리게 되었다. 유리창이 깨지면서 어머니의 모습이 사라졌고 어머니를 향한 증오가 사라졌다. 이렇게 해서 어린아이 같은 자기도취증이 치료될 수 있었다.

프로이트는 성적 충동인 리비도가 다양한 형태를 취한다고 보았다. 타인을 괴롭힘으로써 성적 쾌감을 느끼는 가학성애(사디즘)나 자신이 고통을 당함으로써 성적 쾌감을 느끼는 피학성애(마조히즘)는 나타나는 모습은 서로 다르지만 그 원천은 동일한 리비도다. 리비도

는 성적 충동이며 무의식적인 에너지로, 가학성애나 피학성애는 심해지면 멜랑콜리와 직결된다.

말년의 프로이트는 리비도를 타나토스(죽음의 충동)와 에로스(삶의 충동)로 나누었다. 예컨대 연어는 망망대해를 지나 거친 강의 물살을 거슬러 올라가서 산란한 후 죽고 만다. 타나토스는 공격하고 파괴하려는 본능으로 자신이 원하는 방향과 대립되는 방향의 힘에 의해 자기 자신이 변할 경우 스스로를 파멸시키고 만다. 멜랑콜리는 일종의 타나토스의 결과다. 멜랑콜리를 극복하고 삶을 사랑하기 위해서는 에로스를 고양해야 한다. 우리는 역사와 문화의 발자취를 통해 에로스의 힘을 찾을 수 있다.

생각해 볼 문제

❶ 인간의 세 가지 능력인 지, 정, 의의 의미를 이야기해 보고 사랑은 이 중 어느 것에 속하는지 말해 보자.

❷ '판도라의 상자'는 무엇을 뜻하는가? 프로메테우스의 인간 사랑과 제우스의 프로메테우스에 대한 증오를 설명해 보자.

❸ 쾌감, 공포, 분노, 불안, 희망 등은 사랑과 가까운 정서들이다. 각각의 정서를 구체적인 예를 들어 설명해 보자.

❹ 남녀 간의 사랑에서 좋아함과 성 행동과 결혼은 어떤 의미를 갖는지 생각해 보자.

❺ 사랑의 핵심 요인들은 친밀감과 책임감 및 열정이라고 한다. 미성숙한 사랑과 성숙한 사랑의 예를 들고, 각각에 있어서 친밀감, 책임감 및 열정이 얼마나 중요한지 설명해 보자.

❻ 현대 사회를 살아가는 수많은 사람들은 자신도 모르게 멜랑콜리(우울증)에 빠져 있다. 멜랑콜리를 극복할 수 있는 사랑에 대해 각자의 생각을 나눠 보자.

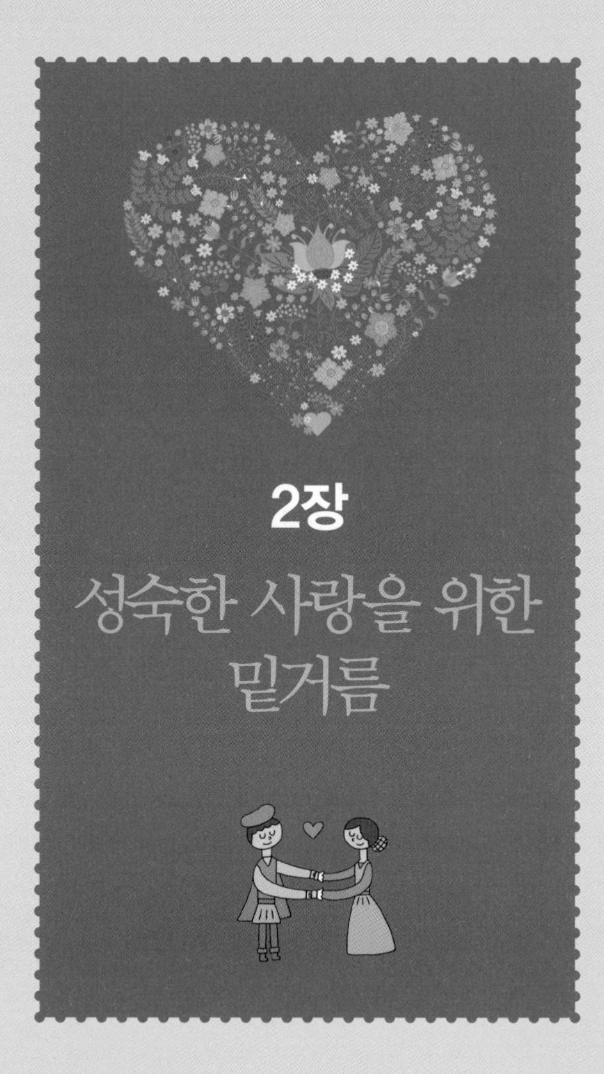

2장 성숙한 사랑을 위한 밑거름

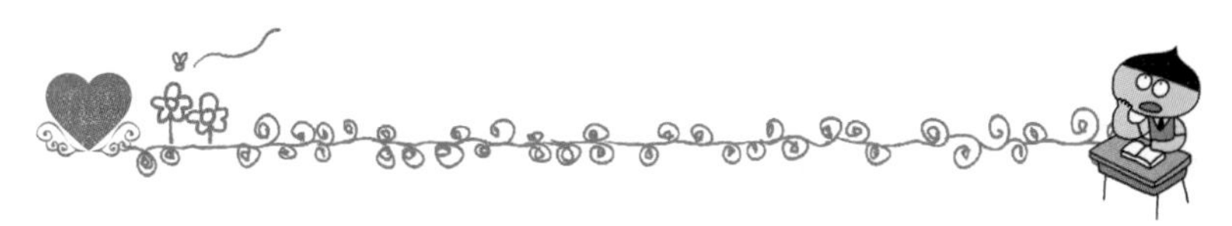

플라토닉 러브를 꿈꾸며

청소년들의 상상적 내지 환상적 사랑은 플라토닉 러브 중 한 가지다. 우리는 지고지순한 사랑을 플라토닉 러브라고 부르는데, 이것은 주로 남녀 간의 사랑에 통용되는 말이다. 자연 사랑이나 예술적 사랑 또는 종교적 사랑은 플라토닉 러브의 범주에서 배제된다.

황순원◆의 단편소설 「소나기」에서 볼 수 있는 소년의 순수한 사랑은 플라토닉 러브다. 우리는 인간의 이기심을 너무나도 잘 알기 때문에 남녀 간의 사랑에 있어서도 이기적 욕망과 아울러 실용적 및 성적 욕망을 충족시키려는 순수하지 못한 측면이 매우 강하다는 사실도 잘 안다. 따라서 아무런 이

황순원(1915~2000)
한국 현대 소설가로, 폭력적인 세계에서 극한 상황에 놓였지만 굴복하지 않고 적극적으로 맞서 싸우거나 자살을 택하기도 하는 주인공들을 주로 그렸다. 인간 삶의 근원적인 비극성을 보여 주는 동시에 생명을 존중하는 사상을 드러낸다. 「목넘이 마을의 개」, 「나무들 비탈에 서다」 등 많은 작품을 남겼다.

해관계도 따지지 않고 상대만을 배려하고 오직 상대의 행복만을 기원하며 상대에 대한 무한한 책임감을 가지고 열정적으로 자신을 헌신하는 사랑이 플라토닉 러브다.

로미오와 줄리엣의 사랑은 대표적인 플라토닉 러브다. 플라토닉 러브라는 말은 플라톤*이 이상적인 사랑을 했기 때문에 생긴 것이 아니라, 그의 이데아론을 바탕으로 사람들이 만들어 낸 말이다. 플라톤의 이데아론을 간단히 설명하자면 다음과 같다.

플라톤이 보기에 현실 세계(현상계)는 끊임없이 생성·소멸하므로 불멸하는 존재가 아니다. 그렇다면 현실 세계(자연 세계 내지 현상계)를 존재하게 하며 현실 세계의 원형이 되는 영원불변의 순수 세계가 있어야 한다. 플라톤은 그것을 이데아들의 세계(이데아계)로 정의하고, 그런 세계가 존재한다고 생각했다. 말하자면 현실의 무수한 나무들이 있는가 하면, 그것들을 존재하게 하는 원형으로서 불변하는 이데아의 나무가 있다는 것이다.

사람들은 이데아론을 바탕으로 남녀 간의 변화무쌍한 사랑에 비해 순수하고 영원불변하는 남녀 간의 사랑이 있을 것이라고 생각했다. 그리고 그런 사랑을 플라톤의 이름을 따서 플라토닉 러브라고 부르기 시작한 것이다.

청소년들은 아직 남녀 간의 직접적인 성적 사랑에는 접근하지 못하지만, 환상과 상상 속에서 남녀 관계를 떠올리며 자동-에로티즘(auto-erotism: 자

플라톤
(BC 427~BC 347)
서양 문화의 철학적 기초를 마련한 고대 그리스의 철학자. 논리학·인식론·형이상학 등에 걸쳐 광범위하게 철학 체계를 전개했다.

자동-에로티즘
개인이 자신의 몸으로부터 성적 만족을 얻는 행동

체성애)◆의 쾌감을 맛본다.

"내가 초등학교 2학년 때 담임선생님은 정말 천사였어. 나를 바라보면서 싱긋 웃으실 때마다 온몸이 오그라드는 것 같았다니까. 선생님의 발걸음은 너무 가벼워서 마치 날아다니는 것 같았어. 나는 수시로 선생님 품에 안겨 있는 상상을 하고는 가슴이 두근거렸지. 이런 것이 바로 플라토닉 러브가 아닐까?"

"글쎄, 어린 시절의 사랑이 대체로 플라토닉 러브이기는 해도, 사실 그건 짝사랑이야. 플라토닉 러브란 일반적으로 남녀 간의 순수하고 이상적인 사랑을 말해. 환상 속에서 혼자 상상하는 사랑은 짝사랑이지. 짝사랑은 환상이나 상상 속의 대상은 있어도 현실적 대상이 없기 때문에 가장 미성숙한 사랑이라고 볼 수 있을 거야."

청소년들이 하는 환상적이고 상상적인 사랑은 짝사랑이기는 하지만, 이것은 플라토닉 러브의 씨앗이 될 수 있다. 나이가 든 후에 과거를 회상할 때면 사람들은 지난날의 순수한 사랑을 떠올리며 그것이 플라토닉 러브였다고 생각한다.

"지금은 사람들이 나를 보고 영감님이니 할아버지니 하고 부르지만, 나에게도 화려하고 찬란한 청춘 시절이 있었어. 지금도 눈만 감으면 과거의 열정적 사랑이 떠올라서 온몸이 떨리지. 나는 한창 총각 시절에 두 여자와 깊은 사랑에 빠졌어.

한 여자는 누가 봐도 정말 미인이었어. 피부는 백옥처럼 하얗고 유리처럼 매끄러웠지. 키스를 할 때마다 꽃보다 달콤한 향기가 났어. 그런데 가족과 함께 이민을 가야 했고, 어쩔 수 없이 헤어지고 말았지. 마지막 날 우리는 밤을 꼬박 새워 가며 껴안고 서럽게 울었어.

또 한 여자는 생물학을 전공하는 대학원생이었어. 미모는 평범했지만 도도하고 지성미가 넘치는 여자였어. 이 여자를 만난 순간 혼을 다 빼앗겨 버렸지. 손목 한번 잡는 데도 몇 달이 걸렸고, 키스 한번 하는 데도 몇 달이 걸렸어. 나는 열병 환자처럼 그 주변을 맴돌며 떠날 수가 없었지. 그러던 어느 날 그녀는 사랑과 공부 중 공부를 택하겠다며 영국으로 유학을 떠나 버렸어.

둘 다 순수하고 아름다운 사랑이었어. 정말 애틋한 플라토닉 러브였지."

청소년들의 환상적이고 상상적인 사랑은 다분히 플라토닉 러브의 씨앗과도 성격이 같지만, 그것은 주관적인 것으로서 자동-에로티즘적 쾌감을 가져다준다. 플라토닉 러브는 적어도 남녀가 서로 이해관계 없이 친밀감을 느끼고 책임감을 가지며 열정적으로 배려하는 사랑이다.

청소년들의 환상적이고 상상적인 사랑은 대부분 짝사랑으로 그치고 만다. 하지만 짝사랑도 성숙한 사랑을 하기 위한 하나의 관문으로서, 사랑에 대한 일종의 교육이고 훈련이다. 청소년은 미성숙한 짝사랑에서 성숙한 사랑으로 한 걸음씩 나아가면서 사랑하는 상대방에 대한 친밀감과 책임감을 배우게 되고 열정을 조절하게 된다. 그러고 나면 환상의 사랑을 깨뜨리고 생생한 남녀 간의 사랑을 접하게 된다. 청소년들은 환상의 사랑을 극복할 때 형제애, 모성애, 조국애, 자연 사랑, 예술 사랑, 종교적 사랑 등의 의미와 가치를 체험에 의해 알게 된다.

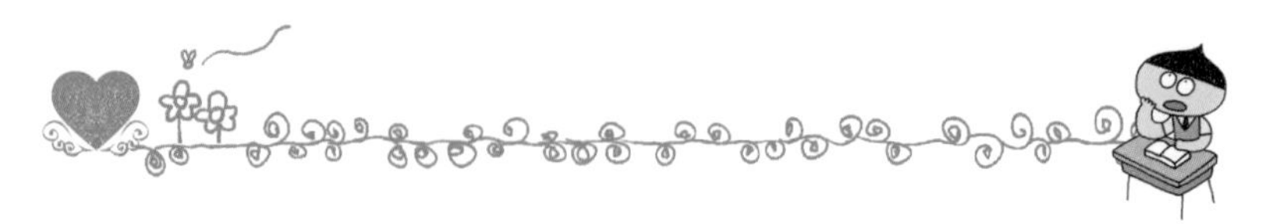

국가로 확장되는 사랑의 개념

플라토닉 러브의 의미를 알기 위해서는 플라톤의 스승인 소크라테스의 사상을 살펴볼 필요가 있다. 플라톤의 영원하고 순수한 사랑은 바로 소크라테스의 사상에서 영향받은 결과물이기 때문이다. 소크라테스◆는 플라톤을 포함한 제자들에게 반어법◆과 산파술◆을 가르쳤다.

소크라테스
(BC 470~BC 399)
서구 문화의 철학적 기초를 마련한 고대 그리스의 철학자. '너 자신을 알라'라는 말을 기초로 삶의 온당한 방법을 아는 것을 지식의 목적이라 했다.

반어법은 대화를 통해 상대방의 무지를 이끌어내는 방법이다. 예컨대 강자가 모든 행동의 정의라고 주장하는 사람이 대화를 통해서 강자도 사람이고 그가 부정하게 행동할 경우 옳지 않은 일을 저지를 수 있다는 사실을 깨닫는 것은 반어법의 결과다. 그리고 강자든 약자든 정의롭게 행동해야만 정의가 성립할 수 있다는 사실은 산파술에 의해 깨우치는 것이다.

소크라테스가 활동하던 당시는 그리스가 정치적으로 쇠퇴기에 접어들었고, 사람들은 수단과 방법을 가리지 않고 돈 벌고 출세하는 일에 혈안이었다. 소크라테스는 아무런 보수도 받지 않고 아테네 거리에서 청년들과 자유롭게 대화하면서 영원불변하고 보편적인 정의와 덕을 가르쳤다. 그렇지만 많은 지식인들은 귀족 자식들에게서 일정한 보수를 받고, 출세하거나 돈을 벌 수 있는 실용적 지식을 가르쳤다. 나중에 사람들은 보수를 받고 지식을 파는 사람들을 지자(知者), 즉 궤변 철학자 '소포스'라고 불렀고, 소크라테스처럼 전혀 보수를 받지 않고 청년들로 하여금 스스로 지혜를 깨닫게 해 주는 사람들을 일컬어 지혜를 사랑하는 철학자인 애지자(愛知者), 즉 '필로소포'라고 불렀다.

반어법
상대편이 틀린 점을 깨우치도록 반대의 결론에 도달하게끔 질문을 던져 진리로 이끄는 일종의 변증법

산파술
소크라테스의 진리 탐구 방법으로, 상대편에게 질문을 던져 스스로 무지(無知)를 깨닫게 함으로써 사물에 대한 올바른 개념에 도달하게 하는 방법이다.

소크라테스는 궤변 철학자들(소피스트들)과 함께 고대 그리스의 인성론(人性論) 시대를 대변하는 철학자로서, 플라톤의 스승이기도 하다. 인성론 시대 이전은 자연 철학 시대다. 자연 철학 시대의 철학자들은 외적 자연의 구성 요소들 및 그 요소들을 결합하거나 분리시키는 원리 내지 힘에 관심을 기울였다. 그러나 인성론 시대에 접어들면서 소크라테스와 궤변 철학자들은 철학적 관심을 인간의 내면으로 돌리고 인간의 본성에 대해 탐구하기 시작했다.

소크라테스와 플라톤의 사랑에 대해 민철과 선생님은 이런 대화

를 나눴다.

"선생님, 소크라테스는 인류의 스승이며 예수, 석가모니, 공자 등과 함께 세계 4대 성인으로 꼽히죠? 소크라테스도 여자를 사랑했으니까 크산티페와 결혼했을 텐데, 소크라테스가 생각한 사랑은 어떤 건지 궁금해요."

"선생님이 소크라테스에 관해 다 알지는 못하지만 그래도 아는 만큼 이야기해 볼까? 소크라테스는 실천적인 삶에서 용기나 정의 같은 덕을 매우 중요하게 여긴 철학자란다. 그는 젊은 시절에 큰 전쟁에 두 번이나 참여했고, 위험을 무릅쓰고 전우를 살린 용감한 인물이야."

"어느 책에서 소크라테스 대리석 상을 보니까 보통 할아버지처럼 생겼던걸요. 키는 작고 오동통한 데다 코는 들창코에 머리는 벗겨지고 얼굴은 못생긴 노인의 모습이었어요. 그렇지만 나중에 사형 선고를 받았을 때 제자들이 간수들을 매수해서 스승이 도망가서 안전하게 살 수 있는 길을 마련해 놓았는데도 제자들의 제안을 거절하고 스스로 독약을 먹고 죽을 정도로 의연한 인물이었더군요."

"그래. 그러니까 후세 사람들이 소크라테스를 세계 4대 성인으로 기리는 거란다. 민철아, 과거의 위대한 인물들을 기리는 데는 다 그만한 이유가 있는 거야.

소크라테스가 몰래 도망가서 안전하게 살라는 제자의 말을 듣고 사형을 피해서 시골에 가 자식들을 낳고 잘 먹고 잘살다가 더 나이 먹어서 죽었다면, 과연 오늘날 우리가 기리는 소크라테스가 존재할 수 있었을까?

예수도 마찬가지야. 예수가 십자가에 못 박히기 전에 예수의 제자들이 로마 병사들을 매수했어. 제자들은 예수에게 사정을 이야기하면서 십자가에 못 박히지 말고 안전한 곳으로 피신하라고 말했지만, 예수는 이를 단호하게 거절하고 스스로 십자가 형을 택한 거야. 만일 예수가 십자가에 못 박혀 죽지 않고 어딘가 안전한 곳으로 피신해서 아들 딸 낳고 잘 먹고 잘살다가 죽었다면, 과연 오늘날과 같은 예수가 존재할 수 있었을까?"

"선생님, 그러고 보면 소크라테스나 예수의 사랑은 무한한 인간 사랑이라 할 수 있겠네요."

"아무렴. 소크라테스가 정의를 위해 독약을 먹고 죽은 것은 정의로운 국가를 위한 것이었고, 그런 정의로운 국가에서 사람들을 살게 하기 위해 스스로 목숨까지 내놓은 사랑이야말로 진정한 인간 사랑이라고 볼 수 있지."

"선생님, 소크라테스의 제자 플라톤은 이상 국가를 세우려고 했으니까 그의 사랑 역시 인간 사랑이 아닌가요?"

"소크라테스는 실천적 사상가였던 데 비해 플라톤은 인간과 자연을 체계적으로 종합해서 국가 철학을 제시했단다. 플라톤은 스승 소크라테스의 윤리적 가르침을 기틀로 삼아 소크라테스 이전의 여러 철학자들의 사상을 종합해서 방대한 체계를 만들었지. 플라톤이 제시한 사랑을 한마디로 하자면 그것은 지혜에 대한 사랑, 곧 철학(필로소피아)이란다. 플라톤은 지혜에 대한 사랑을 인간 사랑과 나라 사랑으로까지 확장했다고 볼 수 있어."

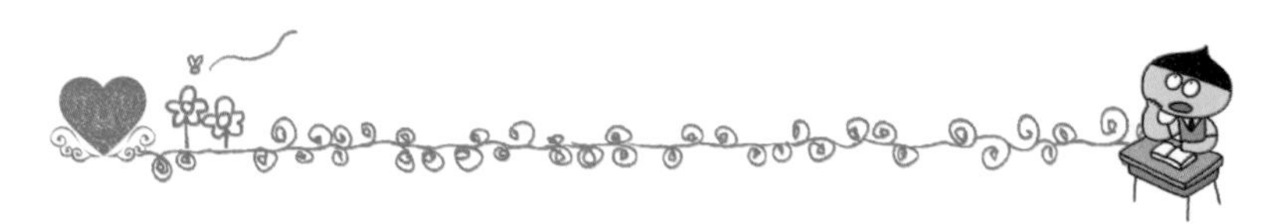

생명을 바쳐 증명한 사랑

플라톤의 스승 소크라테스는 아테네의 등에를 자처했다. 등에란 소의 등에 달라붙어 피를 빨아먹는 커다란 금빛 파리를 말한다. 아테네의 등에는 아테네 사람들을 대화로 깨우쳐서 스스로 지혜를 깨우치게 한다는 의미에서 소크라테스가 스스로에게 붙인 별명이었다. 소크라테스는 부모로부터 적잖은 재산을 물려받았는데, 아버지의 직업은 조각가로 알려져 있다. 그는 아테네 거리에서 귀족 자식들을 반어법과 산파술로 가르치면서 스스로 지혜를 습득하도록 가르치는 일에 상당한 시간을 할애했다.

소크라테스가 청년들을 가르치고도 아무런 대가도 받지 않고 집에 돌아오곤 하자, 벌이를 못한다는 이유로 부인 크산티페의 구정물 세례를 받은 일화가 전해진다. 또한 소크라테스는 큰 전쟁에 참가해서 한 번은 크세노폰◆의 목숨을 구했고, 또 한 번은 알키비아데스◆의 생명을 구한 것으로도 알려졌다.

소크라테스는 전쟁터에서만 용감했던 것이 아니라 재판정에서도 자신은 죄가 없고 정의롭다는 것을 떳떳하게 변호했으며, 자신에게 사형 선고가 내려져도 전혀 두려울 것이 없다고 용기 있게 방어했다.

또한 아테네 거리에서 청년들과 끈질기게 대화함으로써 젊은이들이 깊이 생각하지 않고 습관적으로 확신하고 있던 진리, 선, 아름다움, 정의 등의 개념들이 근본적으로 그릇되었다는 것, 더 나아가 잘못 아는 정도가 아니라 전혀 모르고 있다는 사실을 깨우치게 했는데, 이것이 바로 반어법(아이러니)이다. 그런 다음 소크라테스는 젊은이들이 스스로 보편 타당한 진, 선, 미, 정의 등의 개념을 이끌어 내도록 도왔는데, 이 방법은 산파술이다. 소크라테스의 아버지는 조각가였고 어머니는 산파였는데, 소크라테스는 어머니의 영향을 받아 젊은이들의 교육에 산파술을 사용한 것으로 사람들은 생각했다.

크세노폰
(BC 431~BC 350?)
고대 그리스의 군인이자 작가로, 아테네 전쟁에서 스파르타 측에 가담했다가 추방되었다. 저서에 『소크라테스의 변명』 등이 있다.

알키비아데스
(BC 450?~BC 404)
아테네 명문 출신의 정치가로, 소크라테스에게 가르침을 받기도 했다.

산파는 임산부를 도와서 아기를 탄생시킨다. 아기(지식이나 지혜)를 직접 낳는 것은 임산부(젊은이들)이고, 임산부가 아기를 출산하는 것을 옆에서 돕는 역할을 담당하는 것이 산파다. 이와 마찬가지로 소크라테스는 자신이 젊은이들에게 지식을 가르치는 것이 아니고 젊은이들이 자기들 안에서 스스로 지식을 이끌어 내는 것이라고 말했

다. 소크라테스와 달리 궤변 철학자들(소피스트들)은 자기들이 젊은 이들에게 지식을 전달한다고 믿었고, 지식을 전달한 대가로 보수를 받았다.

소크라테스는 사소한 일에는 거의 신경을 쓰지 않는 대범한 인물이었다. 그에 대해 다음과 같은 일화가 있다.

아테네 거리에는 아침부터 뜨거운 햇볕이 내리쬐고 있었다. 그런데 갑자기 소크라테스 뒤편에서 웬 낯선 사람이 달려오더니, 소크라테스의 뒤통수를 후려치고 쏜살같이 도망쳐 버렸다. 이 광경을 목격한

한 시민이 소크라테스에게 물었다.

"소크라테스여, 지금 어떤 망나니가 아무 이유도 없이 당신을 때리고 도망갔는데, 당신은 왜 아무 일도 없었다는 듯 행동합니까?"

그러자 소크라테스는 이렇게 말했다고 한다.

"여보게, 나는 남에게 맞을 만한 일을 한 적이 없네. 그런데 누가 나를 때렸다면 그것은 길을 가다가 개에게 물린 것이나 마찬가지네. 개가 물었는데 내가 길거리에서 개와 왈가왈부 다투고 개에게 복수해야 한단 말인가?"

플라톤이 쓴 『파이돈』의 대화편에는 소크라테스의 최후에 대해 매우 상세히 기록되어 있다. 그 내용을 간추리면 다음과 같다.

소크라테스의 사형 날짜가 아테네의 사정으로 연기되었다. 원로회의 재판정은 소크라테스가 청년들을 타락시키는 교육에 몰두했고 하늘의 신들을 지상으로 끌어내렸다는 죄목으로 소크라테스에게 사형을 선고했다. 소크라테스의 제자들은 항상 정의를 가르치고 정의롭게 평생을 살아온 스승을 살리기 위해 할 수 있는 모든 일을 다 했다. 그래서 간수를 매수해서 소크라테스가 감옥을 탈출할 방책을 강구했고, 안전하게 숨을 장소도 물색해 놓았다.

어느 날, 제자들이 스승에게 간청했다.

"사형은 말도 안 됩니다. 저희가 빠져나가실 방법과 사실 곳을 마련해 두었으니 저희 뜻에 따라 주십시오."

하지만 소크라테스는 태연히 미소를 띠며 말했다.

"자네들 뜻은 고맙네. 그러나 악법도 법이네. 나는 악법에 따라 죽

> **아스클레피오스**
> 그리스 신화에 등장하는 의술의 신. 아폴론의 아들로, 죽은 사람도 살려 내는 능력을 지녔다고 한다. 사람들은 병이 나으면 감사의 표시로 그에게 닭 한 마리를 바쳤다.

음으로써 정의가 무엇인지 세상에 알리겠네."

드디어 사형일이 다가오자 소크라테스 앞에는 독이 든 잔이 놓였고, 간수가 소크라테스에게 말했다.

"소크라테스여, 이제 마칠 시간이 다가왔소. 마지막으로 하고 싶은 말이 없소?"

소크라테스는 독이 든 잔을 들어 올리면서 크리톤에게 손짓을 했다.

"오, 크리톤이여, 내가 아스클레피오스◆에게 닭 한 마리를 빚졌네. 그걸 좀 갚아 주게. 시간 끌지 말고 갚아 주게."

크리톤이 그러겠다고 대답하고 더 이상 할 말이 없느냐고 묻자, 소크라테스는 더 이상 아무 말도 하지 않고 독을 마시고 편안한 얼굴로 자리에 누웠다.

소크라테스는 민족과 나라를 사랑했고 사회의 정의를 사랑했으며 지혜를 사랑했다. 물론 소크라테스도 인간이니만큼 이기적인 자동-에로티즘의 쾌감을 사랑했을 것이다. 그렇지만 소크라테스는 지혜에 대한 사랑을 통해 정의에 대한 사랑을 실천할 수 있었다. 그리고 정의에 대한 사랑을 통해 민족과 나라를 실천적으로 사랑할 수 있었다. 이렇듯 소크라테스는 목숨을 바쳐 정의에 대한 사랑의 소중함을 증명했다.

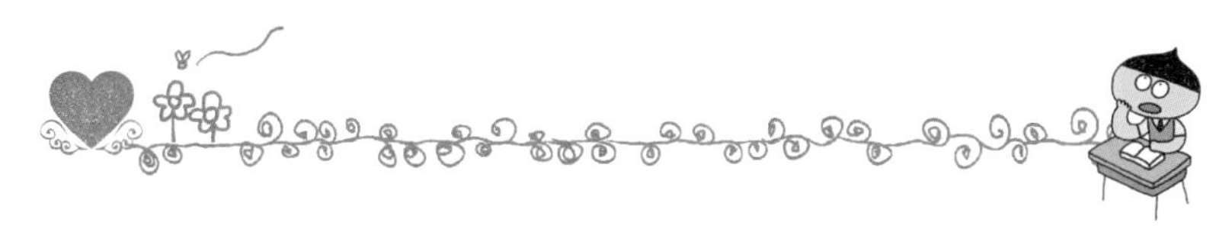

참다운 사랑은 삶의 체험에서 얻어진다

플라톤은 『편지』, 『소크라테스의 변명』을 포함하여 20편이 넘는 작품을 모두 대화 형식으로 썼다. 그래서 그의 저술을 가리켜 '플라톤의 대화편'이라고 부른다. 소크라테스의 제자인 플라톤은 스승의 실천적 윤리를 바탕으로 하여 소크라테스 이전 철학자들의 사상을 체계적으로 종합했다. 그는 자신의 이상 국가 이론을 실현시키려는 꿈을 가지고 세 번씩이나 시라쿠사 여행을 강행했다.

첫 번째 시라쿠사 방문에서 전제 군주 디오니시우스 1세◆에게 이상 국가의 통치 이론을 제시했으나, 무시당하고 체포되어 에기나의 노예 시장으로 끌려갔다. 우연히 쾌락주의자 마니케리스의 도움으

디오니시우스 1세 (BC 430~BC 367)
고대 시칠리아 시라쿠사의 참주로 군사적·외교적으로 뛰어난 수완을 발휘했다. 문예 애호가로 자처하여 플라톤을 초대했고, 비극 작품도 썼다.

로 풀려난 플라톤은 아테네로 돌아와서 아카데미를 세우고 제자들을 가르쳤다.

플라톤은 두 번째로 시라쿠사를 방문했다. 디오니시우스 2세 역시 플라톤의 국가 이념을 전혀 받아들이지 않아, 플라톤은 아테네로 되돌아올 수밖에 없었다. 그러고도 뜻을 굽히지 않고 세 번째로 시라쿠사를 방문해서 디오니시우스 2세에게 자신의 이상 국가 이론을 가르치려 했으나, 분노한 디오니시우스 2세는 플라톤을 감옥에 가두고 말았다. 플라톤은 평소 친분이 있던 피타고라스학파의 아르퀴타스와 친구들의 도움으로 감옥에서 풀려나 아테네로 돌아올 수 있었다.

그 스승에 그 제자라는 말이 있듯이, 소크라테스가 정의를 사랑하고 민족과 나라를 사랑한 것과 마찬가지로 플라톤 역시 정의와 아울러 민족과 나라를 사랑했다. 플라톤은 22편의 저술을 남겼는데, 그중 가장 대표적인 작품은 이상 국가를 논한 『국가』라 할 수 있다. 플라톤은 『국가』에서 '이상 국가 이론'을 통해 민족 사랑, 나라 사랑 그리고 인간 사랑을 이룩하려고 했다.

플라톤의 민족 사랑, 나라 사랑은 실천적 사랑이고, 지혜에 대한 사랑은 이론적 사랑이다. 플라톤의 지혜에 대한 사랑은 『국가』 7권 '동굴의 비유'에 잘 묘사되어 있다.

긴 동굴이 있다. 동굴 깊은 곳 끝 부분은 막혀 있고 여기에 사람들이 밧줄에 몸이 묶인 채 동굴 벽을 향해 앉아 있다. 이들은 단단히 묶여 있어서 고개를 돌려 동굴 입구를 바라볼 수 없다. 캄캄한 암흑만 바라볼 수 있을 뿐이다. 그런데 누군가가 동굴에서 횃불을 지피자 동굴 여기저기 벽면에 여러 가지 그림자가 너울거리기 시작한다.

몸에 묶인 밧줄이 헐거워지고 고개를 약간 돌릴 수 있게 되자, 사람들은 그림자를 바라보면서 그것을 참다운 사물이라고 믿게 된다. 그러나 어떤 사람이 밧줄을 완전히 풀고 자유롭게 동굴 입구를 향해 걸어 나갈 수 있게 되자, 그 사람은 동굴 속의 사물들이 횃불에 비쳐서 동굴 벽에 그림자를 만든 것이었음을 알게 된다.

이 사람은 마침내 동굴 밖으로 나오지만, 찬란한 햇빛에 눈이 부셔서 잠시 눈을 감을 수밖에 없다. 그러다 드디어 눈을 뜨고 환한 햇빛 아래에 펼쳐진 참다운 세상을 바라보게 된다.

플라톤의 '동굴의 비유'와 관련된 진아와 선생님의 대화를 들어보자.

"선생님, 얼마 전에 플라톤의 『국가』 중에서 '동굴의 비유'를 읽어 봤어요. 동굴의 비유는 진리에도 단계가 있다는 것을 말하는 건가요, 아니면 진리 추구에 과정이 있다는 것을 말하는 건가요?"

"진아야, 진리에는 단계가 없단다. 우리가 진리를 말할 때는 어떤 것이 진리인지, 아니면 허위인지를 이야기하는 거란다. 그러나 진리를 추구하는 데는 분명히 과정이 있어. 그러니까 플라톤의 '동굴의 비유'는 진리 추구 과정을 암시하는 거라고 말하는 게 정확할 것 같구나."

"그럼 동굴의 비유는 허위로부터 진리로 나아가는 과정을 설명하는 거라고 봐도 될까요?"

"아무렴. 거짓으로부터 참다움으로 나아가는 과정을 설명하는 거지. 달리 말하면 그림자에 관한 지식으로부터 불변하는 원형(원본)에 대한 지식으로 나아가는 과정을 설명하고 있는 거야. 구체적으로 그 과정은 네 가지 단계로 구분되는데, 추측, 신념, 수학적 앎, 완전한 사려란다."

"추측은 가장 불완전한 앎이고 완전한 사려는 지혜라고 봐도 되겠군요?"

"그래, 정확히 봤다. 진아야, 잘 생각해 보자. 밧줄에 묶인 채 동굴 벽을 향해 앉은 사람들은 암흑만 볼 수 있지. 이 사람들은 주관적으로 추측해서 사물이 어떻다고 판단할 뿐이야. 그런가 하면 고개를 이리저리 돌릴 수 있는 사람들은 어떨까?"

"그들은 횃불에 비친 사물의 그림자를 참다운 것이라고 믿겠지요. 그러니까 그들의 앎은 믿음, 곧 신념 아닐까요?"

"그렇지. 그다음으로 몸이 자유로워져서 동굴 입구로 걸어나오는 사람은 햇빛에 비친 사물의 희미한 모습을 참다운 것으로 아는데, 이러한 앎은 수학적 앎이란다. 그리고 동굴 밖으로 나온 사람은 환한 햇빛 아래에서 참다운 사물의 모습을 알게 되는 것이고, 이때의 앎은 완전한 사려로서의 지혜를 말한단다."

"선생님, 플라톤의 '동굴의 비유'는 결국 지혜에 대한 사랑을 말하는 게 아닌가요?"

"왜 아니겠니? 지혜에 대한 사랑의 뜻은 '너 자신을 알라'는 말에서도 암시된다고 볼 수 있어. 지혜에 대한 사랑은 추측, 신념, 수학적 앎의 과정을 체험하고 극복해야 비로소 가능해진단다."

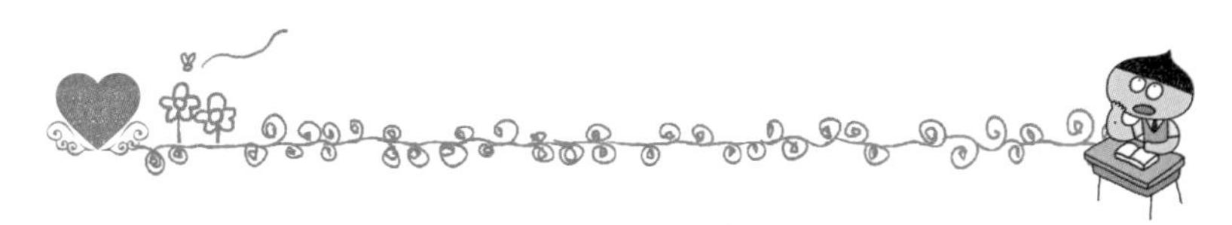

잃어버린 반쪽을 찾아서

플라톤은 남녀 간의 사랑을 설명할 때는 에로스를, 지혜에 대한 사랑을 설명할 때는 필리아의 개념을 사용하지만, 엄밀하게 말해 이들 두 개념 사이에 차이는 없다. 필리아는 학문에 대한 사랑을 가리키지만 아리스토텔레스◆로부터 알 수 있는 것처럼 우애를 뜻한다. 아리스토텔레스는 사랑 중에서 이웃 사랑으로서의 필리아를 가장 대표적인 것으로 보았다.

플라톤은 『향연』의 대화편에서 아리스토텔레스의 신화를 빌려 에로스(사랑)를 설명하는데, 그 내용은 다음과 같다.

태초의 인간은 완전했기 때문에 공처럼 둥근 모습이었으며 남녀를 모두 갖춘 완전한 존재였다. 그

아리스토텔레스
(BC 384~BC 322)
지식을 형이상학, 자연과학, 사회학에서 실학까지 하나의 체계로 집대성한 고대 그리스의 철학자

런데 자신들이 이 세상에서 가장 완전한 모습과 힘을 가지고 있다고 확신하여 자만심에 빠졌고, 신들을 우습게 여기기 시작했다. 결국 신들의 산인 올림포스를 탈취해 그곳에서 살려는 야망을 갖게 되었다.

그러나 인간들의 음모를 알아챈 제우스는 인간들의 오만함을 꺾기 위해 그들을 남자와 여자로, 곧 반쪽으로 갈라 버렸다. 원래 남녀 양성을 갖추고 자만심에 빠져 있던 인간들은 이제부터 남자와 여자로 나뉘어 오만했던 과거의 죄를 뉘우치면서 잃어버린 반쪽을 찾아 헤매지 않으면 안 된다. 그래서 잠시나마 잃어버린 반쪽과 결합할 때 인간은 완전성의 축복이 가져다주는 쾌감, 곧 사랑을 맛볼 수 있다.

플라톤이 말하는 에로스는 남녀 간의 성적인 사랑뿐만 아니라 인간과 인간 사이의 완전한 관계로서의 사랑을 향한 동경과 노력을 암시하기도 한다. 완전함을 향한 인간의 노력이나 동경 또는 욕망은 지혜에 대한 사랑이다.

플라톤의 지혜는 영원불변하는 이데아에 대한 앎이다. 지식과 지혜는 다 같은 앎이지만, 지식은 특정 대상이나 사태에 대한 형식적 앎이고, 지혜는 대상이나 사태에 대한 내면적이고도 본질적인 앎이다.

지혜에 대한 사랑은 넓은 의미에서의 철학이다. 우리가 역사상 위대한 사상가들을 철학자라고 부르는 이유는 그들이 지혜를 추구하고 사랑했기 때문이다. 소크라테스, 공자, 석가모니, 예수 등이 지닌 사상은 넓은 의미에서 지혜에 대한 사랑인 철학이다.

"배우고 때때로 이 배운 것을 익히니 기쁘지 아니한가"라는 말이 있다. 배움에 대한 기쁨은 지혜에 대한 사랑이다. 사서(四書)◆ 중 하나인 『대학』의 첫머리를 보면 "대학의 도(道)는 밝은 덕을 밝히는 데 있으며 백성을 새롭게 하는 데 있으며 지극한 선(善)에 머무는 데 있다"는 글이 있다. 밝은 덕은 진리와 아름다움이다. 밝힌다는 것은 진리와 아름다움을 사랑하는 것이다. 배움은 밝힘과 똑같은 의미이며, 배움과 밝힘은 다름 아닌 사랑이다.

"천명(天命)을 일컬어 성(性)이라고 하며, 성을 따르는 것을 일컬어 도(道)라고 하며, 도를 닦는 것을 일컬어서 교(敎)라고 한다"고 밝힌 『중용』의 첫머리도 지혜에 대한 사랑을 암시한다. 여기에서 성은 세계 원리며 진리다. 성을 따르는 것은 진리를 추구하는 일이며, 도를 닦

사서
유교의 경전인 『논어』, 『맹자』, 『중용』, 『대학』을 통틀어 이르는 말

쇼펜하우어(1788~1860)
독일의 철학자로, 염세적 세계관을 주장했다. 저서에 『의지와 표상으로서의 세계』 등이 있다.

는 것 또한 진리를 익히는 일이다. 진리를 추구하며 도를 닦는 것은 지혜에 대한 사랑이다.

사랑을 크게 에로스, 필리아, 아가페 등 세 가지로 나눌 수 있다고 살펴보았다. 사실 사랑의 모습은 다양해서 남녀 간의 사랑, 우정, 형제애, 모성애, 가족애, 조국애, 인류애, 자연 사랑, 예술 사랑, 종교적 사랑 등의 모습으로 드러난다. 다양한 대상에 따른 사랑은 모두 에너지로, 에너지의 원천은 본능적 충동이라고 말할 수도 있고, 아니면 우주론적 힘이라고 말할 수도 있을 것이다. 쇼펜하우어◆ 같은 철학자는 사랑의 원천을 삶에의 의지로 보았을 것이고, 니체와 같은 철학자는 사랑의 근원을 힘에의 의지라고 했을 것이다.

인간에게는 자기 자신의 삶과 사회를 성숙시켜야 하는 윤리적 의무가 있으므로 사랑 역시 성숙시키지 않으면 안 된다. 따라서 인류는 오랜 역사를 통해 교육과 훈련에 의해 끊임없이 사랑을 성숙시켜 왔다.

플라톤은 『향연』에서 에로스가 지혜에 대한 사랑임을 밝히고 있다. 내용을 요약하면 다음과 같다.

미의 여신인 아프로디테가 태어난 날 신들이 잔치를 벌였다. 잔치에는 다른 신들과 함께 메티스의 아들 포로스(풍요의 신)도 있었다. 궁핍의 여신 페니아는 구걸하러 문 앞에 와 있었다. 아직 포도주가 없을 때였으므로 포로스는 신주(神酒)에 취해서 제우스의 정원에 들어가 잠들어 버렸다. 페니아는 포로스를 이용해서 아이를 낳으려는 계획을 품고 포로스의 옆에 누워 에로스를 임신했다. 이렇게 해서 태어난 에로스는 아프로디테를 추종해서 모시는 자가 되었다. 아프로디테가 미의 여신이었으므로 아프로디테의 생일날 태어난 에로스는 아름다움과 풍요로움을 사랑하는 자가 되었다.

에로스는 어머니를 닮아서 언제나 가난했다. 그러나 한편으로는 아버지를 닮아 항상 미와 선을 갈구하여 용감하고 담력 있고 기개 있으며, 탁월한 요술사이자 마법사요, 학자로서 일생 동안 지혜를 사랑했다. 에로스는 지혜를 소유하게 되면 곧 잃어버리기 때문에 항상 궁핍에서 벗어나 풍요로움을 얻고자 했다.

이와 같이 지혜에 대한 사랑은 자유 의지를 자각한 인간의 끊임없는 노력을 요구한다. 지혜에 대한 사랑은 성숙한 사랑이기 때문이다.

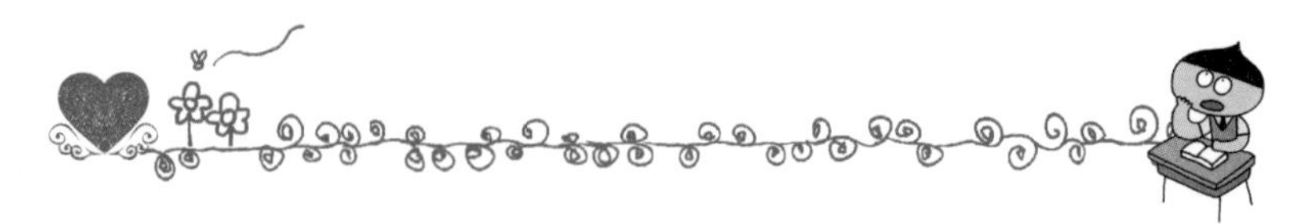

아벨라르와 엘로이즈

영화 〈러브 스토리〉나 〈사랑과 영혼〉을 떠올리거나 『로미오와 줄리엣』, 『춘향전』을 읽으면 남녀 간의 순수한 사랑을 생각하게 된다. 영화나 소설이 아니더라도 조금만 눈을 크게 뜨면 가까운 주변에서도 순수하고 눈물겨운 남녀 간의 사랑 이야기를 쉽게 접할 수 있다.

치매에 걸려서 일상생활이 거의 불가능한 아내를 지극 정성을 다해 사랑으로 보살피는 남편이 있다. 나이 마흔이 넘었는데도 방에서 꼼짝 못하고 누워서 지내야만 하는 아들을 싫은 내색 전혀 없이 돌보는 부모도 있다. 나이 여든이 넘은 어떤 할아버지는 30년 전에 세상을 떠난 부인을 못 잊어 매일같이 꽃을 사들고 부인 묘지에 가서 부인에게 사랑을 전하고 온다고 한다.

수많은 영화와 소설 그리고 드라마에 등장하는 사랑은 대부분 낭만적이며 순수한 사랑이다. 내가 알고 있는 가장 지고지순한 사랑 이야기는 서양 중세의 아벨라르◆와 엘로이즈◆의 사랑이다.

아벨라르는 신부이자 중세 기독교 철학자로 알려져 있다. 그는 신학과 철학의 학문적 방법론을 밝히는 데 크게 공헌했다. 서양의 중세를 일컬어 암흑시대라고 하는 이유는 신부들이 사회 지도층을 형성했고 신학이 모든 학문의 위에 자리해 신학이 철학의 내용과 방법론을 포괄했기 때문이다. 그래서 '철학은 신학의 하녀'라는 말이 생겨날 정도였다.

아벨라르는 모든 신학적 및 철학적 주장에 대한 찬성 이론과 반대 이론 그리고 긍정과 부정을 철두철미하게 비판적 입장에서 고찰했다. 그래서 특정한 이론을 고집하는 많은 신학자들과 철학자들로부터 반감을 사지 않을 수 없었다.

아벨라르는 엘로이즈와의 사랑 사건으로 당시 가톨릭 사회를 떠들썩하게 만들었다. 두 사람의 지고지순한 사랑 이야기는 오늘날까지 플라토닉 러브의 대표적인 예로 전해 내려오고 있다. 아벨라르와 엘로이즈의 사랑은 두 사람이 주고받은 편지들이 출판된 후 세상에 널리 알려졌다.

신체가 건장하고 신앙심이 투철하며 학구열도 왕성한 청년 신부 아벨라르는 엘로이즈를 처음 본 순간 사랑에 빠져 버리고 말았다. 파

아벨라르(1079~1142)
프랑스 스콜라 철학의 진보적 철학자이며 신학자. 종교적 신앙은 합리적 전제와 부합되지 않으면 안 된다고 하며, 교회의 권위에 의한 설교가 지니는 모순을 폭로해 가톨릭 교회로부터 이단으로 비난받고 추방되었다.

엘로이즈(1100?~1164)
12세기 파라클레 대수도원의 수녀원장을 지냈으며 뛰어난 학식과 성품으로 유명했다. 당대 저명한 철학가이자 신학자였던 아벨라르의 제자이자 연인이었다.

종교 회의
교의나 교회의 전반적인 사항을 심의, 결정하기 위한 교직자 회의로, 황제나 교황이 소집하며 전체 교회의 대표가 출석한 총회의와 부분적인 지방 회의가 있다. 중세 말엽 이래 교의를 결정하는 데 최고 권위를 갖게 되었다.

리 가톨릭 교회의 최고 성직자들 중 한 사람의 조카딸인 엘로이즈와 청년 신부 아벨라르는 서로 사랑해서는 안 된다는 사실을 잘 알고 있었다. 그렇지만 젊은 남녀는 불타오르는 사랑의 정열을 억제하지 못하고 밀회를 즐겼다. 그들은 기회가 있을 때마다 육체적 쾌락을 맛보았다.

결국 엘로이즈는 임신을 하게 되었고, 두 사람의 사랑이 알려지자 엘로이즈의 삼촌은 격분해서 아벨라르를 종교 회의◆에 회부했다. 아벨라르는 신성 모독의 불륜을 범한 대가로 한쪽 손목과 발목이 절단당하는 중형에 처해졌다. 그사이에 엘로이즈는 출산한 아이를 어른들에게 맡기고 참회하는 심정으로 수녀원에 들어가 수녀가 되었다. 그런가 하면 아벨라르 역시 참회하는 마음으로 수도원에 칩거하면서 기도와 철학 및 신학 연구에 몸과 마음을 바쳤다.

하지만 아벨라르와 엘로이즈의 사랑은 차갑게 식거나 무관심해지지 않았다. 물론 처음에는 관능적 쾌락을 추구하는 성적인 자동-에로티즘의 사랑이었다. 아벨라르는 손목과 발목을 절단 당하는 중형을 받은 후, 좁은 의미의 사랑을 극복하고 넓은 의미의 사랑으로 나아갈 수 있었다. 엘로이즈는 사랑하는 사람이 끔찍한 형벌에 처해지는 것을 경험했으며, 사랑하는 사람의 아이를 출산한 후 아벨라르에 대한 사랑이 한층 더 깊고 넓어졌다.

두 사람은 관능적이고 성적인 자동-에로티즘의 사랑을 극복하고 타인을 배려하는 인류애로 사랑을 승화시켰다. 두 사람은 각자 자신이 처한 환경에서 최선을 다하면서 서로에게 관심을 가지고 배려하고 이해하며 신앙심을 굳혀 나갔다. 그들의 사랑은 종교적 사랑으로까지 승화되었다.

엘로이즈의 변함없는 사랑은 아벨라르가 신학과 철학의 이론적 및 현실적 갈등을 해결하는 데 총력을 기울이게 했다. 그런가 하면 엘로이즈에 대한 아벨라르의 한결같은 사랑은 엘로이즈가 신앙의 화신이 되게 했다. 나중에 엘로이즈는 수많은 수녀들을 경건한 신앙의 길로 이끄는 수녀원장이 되었다.

아벨라르와 엘로이즈의 사랑은 겉으로만 보면 낭만적이며 이상적인 남녀 간의 사랑이다. 물론 로미오와 줄리엣의 사랑이나 이 도령과 춘향의 사랑 역시 이상적이며 낭만적이지만, 아벨라르와 엘로이즈의 사랑은 무수한 번뇌와 고통 및 불행을 극복한 깊고 넓은 사랑이라 할 수 있다. 플라톤의 『국가』에 나오는 '동굴의 비유'에서 알 수 있듯, 암흑과 어두컴컴한 그림자의 세계를 지나 모든 것이 환히 빛나는 참다운 세계로 도달하는 과정이 아벨라르와 엘로이즈의 사랑에서 제시되고 있다.

인간의 내면 깊은 곳에는 욕망의 거대한 강물이 굽이쳐 흐르고 있다. 이 욕망은 충동이라고 할 수도 있고, 에너지라고 할 수도 있다. 욕망의 강물이 어떤 방향으로 흐르냐에 따라 사랑의 힘이 빛날 수 있는지, 아니면 증오의 힘이 세력을 떨칠 수 있는지가 결정된다. 삶의 힘을 사랑으로 만들 것인지, 아니면 증오로 만들 것인지는 어디까지나 인간의 의지와 아울러 환경에 의해 결정된다고 할 수 있다. 그러므로 사랑도 배우고 가르치며 훈련해야 한다. 이것은 성숙한 인간성을 얻기 위한 가장 기본적인 삶의 교훈이다.

생각해 볼 문제

❶ 청소년의 환상적 및 상상적 사랑은 대부분 관능적이며 성적인 쾌락을 목적으로 삼는 자동-에로티즘적 사랑이다. 자동-에로티즘적 사랑은 왜 극복되어야만 하는 사랑인가?

❷ 소크라테스와 플라톤이 각각 말한 인간적 사랑과 지혜에 대한 사랑의 특징을 설명해 보자.

❸ 소크라테스의 정의에 대한 사랑을 상세히 설명해 보자.

❹ 플라톤의 '동굴의 비유'에 해당하는 구체적인 예를 들면서 지혜에 대한 사랑이 어떤 것인지 이야기해 보자.

❺ 플라톤이 말하는 에로스와 필리아는 각각 어떤 것인가?

❻ 좁은 의미의 사랑과 넓은 의미의 사랑을 어떻게 구분할 수 있을까? 아벨라르와 엘로이즈의 사랑은 왜 지고지순한 사랑인가?

3장

몸이 자라면 마음도 성장한다

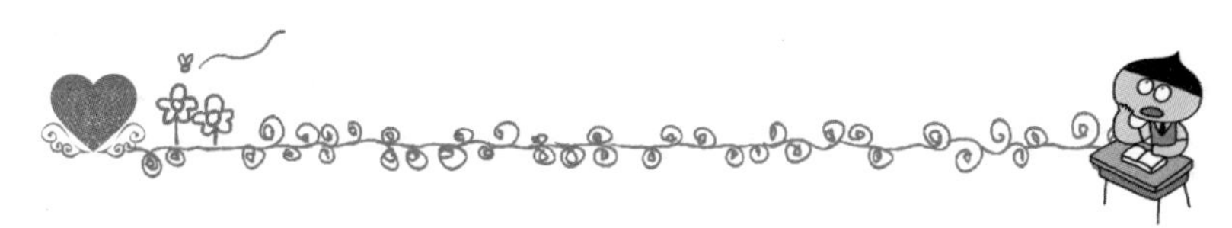

중추신경과 감각은 발달한다

사랑이 무엇인지를 알기 위해서는 우선 인간의 정체를 알지 않으면 안 된다. 왜냐하면 우리가 사랑을 이야기할 때 가장 먼저 꺼내는 것이 인간 사이의 사랑이기 때문이다. 물론 자연 사랑, 예술 사랑, 종교적 사랑도 있지만 우리가 쉽사리 접하는 일상적인 사랑은 아무래도 남녀 간의 사랑을 비롯해 모성애라든가 가족 사랑이든가 우정 등이다.

인간은 어떤 존재인가? 막상 이렇게 물으면 답을 찾기가 쉽지 않음을 알 수 있다. 이런 경우에는 가장 알기 쉬운 것부터 살펴보면서 인간이 어떤 존재인지 따져 보는 편이 빠른 방법일 것이다. 그러므로 인간의 중추신경과 감각, 신체와 운동, 인지(認知)◆,

인지
자극을 받아들이고, 저장하고, 인출하는 정신 과정을 가리키며 지각, 기억, 상상, 개념, 판단, 추리를 포함하여 무엇을 안다는 것을 나타내는 포괄적인 용어로 쓰인다.

도덕, 성격 등이 어떻게 발달하는지를 잘 알면 인간을 좀 더 명확하게 파악할 수 있을 것이다.

중추신경과 감각의 발달에 관한 진아와 어머니의 대화를 들어 보자.

"진아야, 너 요새 가방이 너무 무거워 보이더라. 무슨 책을 그렇게 많이 넣고 다니니? 웬만하면 가방을 가볍게 해라. 건강에 안 좋아."

"예, 엄마. 며칠만 있으면 돼요. 도서관에서 해부학 책하고 생리학 책을 빌려서 틈 나는 대로 읽으려다 보니 무거워졌네요."

"해부학과 생리학이라고? 참 여러 분야에도 관심을 갖는구나. 그래, 이번에는 어떤 의문점 때문에 그 분야에도 손을 대는지 궁금하네. 학교 공부하고는 상관이 없어 보이는데?"

"아니에요. 사실 다 상관이 있다고요. 인간이 무엇인지 알아야만, 다시 말해서 기본적으로 인간에 대해 이해를 해야 공부도, 놀이도, 입시도, 그리고 또 사랑도 다 의미가 있는 거 아니겠어요?"

"야, 우리 진아가 이제 어른이 다 됐구나. 그럼 진아야, 해부학이랑 생리학 책을 읽었다니, 중추신경◆과 감각의 발달에 관해 알아봤니? 인간을 이해할 때 가장 먼저 이해해야 하는 게 중추신경과 감각의 발달이니까 말이야. 그 분야에 대해서는 엄마가 진아한테서 좀 배워야겠다."

"엄마도 그 분야에 대해 알아요?"

"아니, 전혀 백지 상태야. 그러니까 너한테 물어보는 거지."

중추신경
신경 기관 가운데 신경 세포가 모여 있는 부분으로, 신경 섬유를 통해 들어오는 자극을 받고 통제하며 다시 근육, 분배선 따위에 자극을 전달한다.

"그럼 엄마가 이해하기 쉽게 풀어서 설명해야겠네요. 중추신경은 쉽게 말해서 뇌신경이라고 할 수 있어요. 우리가 태어날 때 인간의 뇌신경 세포는 200억 내지 2,000억 개래요. 신경 세포는 매일 수천 개씩 죽는데, 보충되거나 재생되지 않아요. 뇌신경 세포들은 서로 연결되어 있어서 정보를 교환하죠."

"정보라면…… 자극이나 반응 등을 말하는 거야?"

"오, 잘 아시는데요? 맞아요. 하등동물은 신경 세포들 사이의 전기적 접촉에 의해 정보가 교환되고, 척추동물 같은 고등동물은 화학적 접촉에 의해 정보가 교환돼요. 즉, 하등동물의 신경 세포들은 전기 자극에 의해, 고등동물의 신경 세포들은 화학 물질의 분비에 의해서 서로 연결되며 정보를 교환한다는 거예요."

"그럼 인간의 두뇌는? 그러니까 인간의 두뇌와 뇌신경 세포의 관계는 어떻지?"

"두뇌는 뇌신경 세포(뉴런)들을 담고 있는 그릇이라고 할 수 있어요. 엄마, 뇌에 대해 자세히 설명하자면 너무나도 복잡하고 길어지니까, 일단 기본적인 부분만 간단히 설명해 볼게요.

뇌의 발달은 유전과 환경의 상호작용에 의해 좌우된대요. 신경 돌기의 급속한 성장, 신경 접합부의 형성, 수초◆의 형성 등은 출생 시에 왕성하지만 사춘기 즈음 해서 저하된다고 해요. 물론 환경도 중요하대요. 환경이 풍요로우면 그만큼 뇌 발달이 촉진될 것이고, 환경이 척박하면 뇌 발달도 더뎌진대요."

수초
신경 세포의 신경 돌기를 말아 싸고 있는 덮개로, 전기적인 자극을 막아 주는 기능을 한다.

"그러니까 중추신경, 다시 말해서 뇌신경의 발달에는 유전적인 요소와 함께 환경 조건이 결정적이라는 말이구나. 유전이 모든 생물들의 발달을 좌우하는 가장 기본적인 조건이라는 사실쯤이야 엄마도 알지. 그런데 뇌신경 세포 발달에 환경 조건도 중요한 역할을 담당한다는 건 좀 이상한데. 구체적인 예를 들어서 설명해 주겠니? 엄마 생각에 환경은 별로 중요하지 않은 것 같거든."

"책에 구체적인 예가 나와요. 중추신경과 감각의 발달은 두 가지 요인에 의해 이뤄진대요. 즉, 뇌신경 세포가 한편으로는 유전적 성숙으로 인해서, 그리고 다른 한편으로는 환경 조건에 의한 학습으로 인해 중추신경과 감각이 발달한다는 거죠. 엄마도 유전적으로 뇌신경 세포(중추신경 세포)가 성숙한다는 거 알죠?"

"그래, 그건 엄마도 아니까 유전적 성숙에 관해서는 그만하고, 환경의 학습에 의해서 뇌신경 작용이 어떻게 발달하는지 구체적으로 설명해 주면 좋겠구나."

"알았어요, 엄마. 실험 대상은 새끼 고양이 두 마리였어요. 한 마리는 흰색의 수직선만 볼 수 있는 상자에서 자랐고, 또 한 마리는 수평으로 그어진 선만 볼 수 있는 상자에서 자랐어요. 이렇게 두 마리 새끼 고양이가 서로 다른 상자에서 6개월간 자란 거예요. 그런데 결과가 어땠는지 알아요?"

"글쎄, 무슨 일이 일어났는데?"

"수직선만 보고 자란 고양이를 흰 수직 막대기들이 있는 상자에 넣었더니 잘 피해 다녔대요. 그런데 이 고양이를 흰 수평 막대기들이

있는 상자에 넣었더니, 수평 막대기에 계속 부딪힌 거예요. 또 수평선만 보고 자란 고양이는 흰 수평 막대기들이 있는 상자에서는 잘 피해 다녔는데, 흰 수직 막대기들이 있는 상자에 넣었더니 수직 막대기에 부딪혔고요. 엄마, 이제 무슨 이야기인지 알겠죠?"

위에서 나온 사례는 새끼 고양이들에게 시각과 아울러 중추신경의 변화가 환경과 어떤 관계가 있는지를 잘 밝혀 주는 실험이다. 새끼 고양이들의 뇌신경 세포 작용은 유전인자의 성숙에 따라 발달하면서 동시에 학습에 의해서도 발달한다. 여기에서 학습이란 환경 조건에 의한 학습을 말한다.

그러므로 '흑인과 백인 중 어떤 인종이 지능이 더 높은가?' 하는 질문은 있을 수 없다. 예컨대 뉴욕에 살면서 고등교육을 받은 흑인이 아프리카 오지에서 살면서 교육받지 못한 백인보다 지능이 높기 때문이다. 이를 통해 인간의 중추신경과 감각 발달에는 유전적 요인과 함께 환경 조건이 지대한 영향을 미친다는 사실을 알 수 있다.

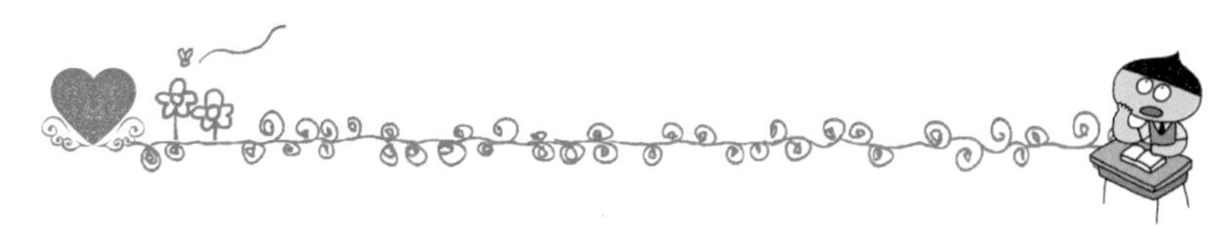

생명의 시작점

청소년들을 보면 신체와 아울러 운동의 발달이 매우 빨라서 깜짝 놀랄 때가 많다. 그러니 청소년들도 자기 자신의 신체 변화에 놀라고 당황할 수밖에 없다. 인간의 신체는 출생한 후부터 급성장해서 4세까지 무럭무럭 자란다. 4세 이후부터는 성장이 느려졌다가 12세 정도부터 다시 급속히 성장한다. 사춘기에 접어들면 콩나물처럼 자라고 18세 내지 20세에 이르면 성인 수준으로 성장하며 더 이상은 자라지 않는다. 20세에 신체 성숙이 끝나고 40세 후반에 접어들어 갱년기가 지나면 인간의 신체는 노쇠해지기 시작한다.

신체와 운동의 발달에 대한 진아와 어머니의 대화를 들어 보자.

"엄마, 옆집 아기를 3개월 만에 봤는데 그새 훌쩍 컸더라고요. 제대로 걷지도 못하고 뒤뚱뒤뚱 걷던 게 엊그제 같은데, 글쎄, 이제는 뛰다시피 하지 뭐예요!"

"그래, 아기들 자라는 걸 보면 신기하다니까. 나무처럼 무럭무럭 자라는 게 눈에 보이니 말이다. 그런데 진아야, 인간의 신체와 운동 발달은 무엇에 의해 이뤄지는지 아니? 뇌신경에 대해 읽어 봤으니 신체에 대해서도 잘 알 것 같은데?"

"아직 신체에 관해서는 알아보지 못했어요. 엄마가 생물학 분야는 많이 읽었으니까 신체에 관해서는 엄마가 설명해 주세요."

"그래 볼까? 우선, 인간의 신체와 운동의 발달은 유전적 성숙과 학습에 의해서 이뤄지는 거란다. 신체 성장 과정을 일컬어서 신체 발달이라고 하지. 그리고 신체 기능의 변화는 바로 운동 발달이야."

"그럼 인간 신체 발달의 과정이 있겠네요?"

"신체 발달은 크게 태내 발달과 그 이후의 발달로 구분된단다. 태내 발달은 수정란에서 출생에 이르기까지고, 그다음의 발달은 출생에서 사망까지의 과정이야. 신체의 성장과 발달에는 일정한 법칙이 있단다."

"그래요? 어떤 법칙이에요?"

"신체 발달의 법칙 내지 원리는 두 가지야. 두 가지는 각각 두미(頭尾) 방향과 중심 주변(中心周邊) 방향이란다. 우선 신체의 머리 쪽이 먼저 발달하고 차차 꼬리 쪽으로 발달해 가지. 그리고 가슴과 같은 신체 중심 부분이 먼저 발달하고 팔다리 같은 주변 기관은 나중에 발달하는 거야."

“그렇군요. 엄마, 그럼 출생 전의 신체 발달과 출생 후의 신체 발달은 구체적으로 어떻게 달라요?”

“출생 전에는 배종기(胚種期), 태생기(胎生期), 태아기(胎兒期) 등 3기로 나뉘어 신체가 발달한단다. 난자와 정자가 만나서 수정되고 2주 후에 수정란은 왕성하게 세포 분열을 하는데, 이때를 배종기라고 하지. 배종기 후 약 5주가 태생기야. 태생기에는 세포 수도 늘고 신체 각 기관이 분화해서 형성되는데, 가장 먼저 심장이 생겨서 박동을 한단다. 태생기가 지난 다음부터 출생하기까지가 태아기야. 태아기 때는 뇌와 심장이 뚜렷하게 발달하고 모든 신체 기관이 생기지. 가장 중요한 기관이라서 그런지, 태아의 두뇌는 어른 머리의 3분의 2 정도까지 자란단다.”

“출생 후 인간의 성장은요?”

“신생아부터 4세까지는 신체 성장이 급속하게 진행되지만 4세부터 느려지다가 다시 12세 정도에 이르면 다시 빠르게 성장하다가 18세에서 20세 정도가 되면 완전히 성장하게 된단다. 그런데 신경계통과 감각기관과 두뇌는 다른 기관들보다 먼저 발달해. 아마 이 세 가지가 생존에 가장 필요하기 때문이겠지. 이 세 가지 기관은 출생 후 빨리 발달해서 4세에 어른의 80퍼센트 정도로 발달하고, 12세경이면 완전히 성장한다는구나.”

“그렇군요. 몰랐어요”

“진아야, 그럼 신체의 운동 발달에 대해서는 알고 있니?”

“글쎄, 그건 처음 들어 보는 말인걸요?”

"신체 발달과 운동 발달은 서로 뗄 수 없는 관계란다. 신체 기관이 발달하면 신체의 운동도 발달하게 마련이거든. 운동 발달이란 신체 기관의 운동 발달을 말해. 운동 발달은 전체에서 부분으로 옮아 가는 과정을 거친단다."

"엄마, 잘 이해가 안 되는데 더 쉽게 설명해 주겠어요?"

"그럴까? 신생아 때는 몸 전체가 움직이지만, 자랄수록 각 신체 기관들이 독립해서 부분적으로 움직이는 것이 운동 발달이라는 거야."

"대강 이해는 가는데 구체적으로 예를 든다면요?"

"갓난아기를 보자. 아기는 몸의 특정 부분을 자극해도 온몸을 움직인단다. 이런 현상을 일컬어서 범화 활동(凡化活動)◆이라고 하지. 갓난아기, 즉 신생아는 생존에 필수적인 반사 운동을 다 하고 있는 거야. 그것은 빨고, 삼키고, 배설하고 호흡하는 반사야. 그 외에도 갓난아기는 특수한 반사 운동들을 하는데, 혹시 뭐가 있는지 알고 있니?"

"흐음, 아기를 살펴본 적이 없어서 모르겠어요."

"참, 그렇겠구나. 일단, 신생아는 무엇이든 잡으면 자기 몸을 지탱할 정도로 움켜잡는 힘이 강하단다. 이것은 파악 반사인데 이때 아기의 엄지손가락은 파악 반사에 관여하지 않아. 신생아는 아직 중추신경의 협동이 성숙되지 않은 상태이거든. 그래서 아기의 발바닥을 건드리면 아기는 발가락을 안쪽이 아니라 발등 쪽으로 펴는 반사 운동을 보인단다. 또 신생아는 깜짝 놀랄 때 몸을 움츠렸다가 펴는데 이런 반사를 경악체라고 해."

범화 활동
어떤 특정한 자극에 대한 반응이 형성된 뒤에, 그 자극과 다소 다른 자극을 주어도 동일한 반응이 나타나는 것

"듣고 보니 참 신기하네요. 그럼 다른 발달은요?"

"파악 운동과 보행에도 발달 단계가 있단다. 아기들은 손으로 물건을 잡을 때 처음에는 물건을 감싸 쥐다가, 나중에는 엄지손가락을 주로 사용하고, 결국에는 엄지와 다른 손가락을 다 사용한단다. 보행 발달을 보면 처음에는 머리 근육을 조절하고, 체구와 두 팔의 근육 조절이 이뤄지고, 엎드려서 몸과 사지의 근육 조절이 이뤄진 다음에 붙잡고 서기 시작하다가 걷게 되는 거야. 이외에 발성 기관의 운동 발달도 단계적으로 이뤄진단다."

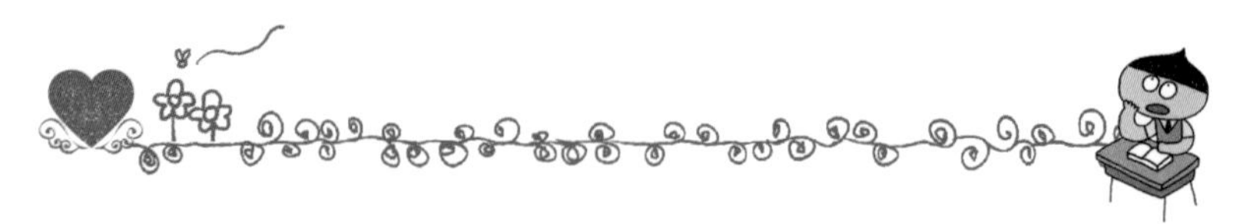

자기 중심적 사고에서 벗어나는 시기

앎의 과정을 간단히 말해서 인지라고 한다. 경험한 내용을 해석하고 추론함으로써 논리 법칙을 발견해서 문제를 해결하는 과정이 인지다. 그러므로 인지는 단순한 앎이나 지식 또는 철학적 의미의 인식과는 거리가 있는 개념이다.

지금부터는 스위스의 심리학자 피아제◆의 인지 발달 이론을 살피면서 인간의 인지 발달이 어떻게 이뤄지는지 알아보자.

먼저 민수와 선생님의 대화부터 들어 보자.

피아제(1896~1980)
스위스의 심리학자로 임상을 통해 아동의 정신 발달 과정을 설명하고 과학적 인식의 역사적 발전에 대해 연구했다.

"선생님, 피아제의 인지 이론 중에서 셰마(Schema: 스키마)◆라는 말이 나오는데 그게 뭐예요?"

"민수가 요즘에는 심리학에 관심을 두고 있나 보

구나. 셰마란 인지 과정의 구조적인 틀을 말한단다. 셰마는 독일어로 도식을 뜻하는 말이야. 그러니까 도식이나 틀, 구조가 다 같은 의미라고 보면 되지. 피아제는 셰마를 요약된 마음의 상(像)이라고 풀어서 말하기도 했고, 또 사고의 도식적 측면이라고도 했단다."

셰마
심리학 및 인지 과학에서 도식, 즉 생각이나 행동의 조직된 패턴을 뜻하며, 선입견의 정신적 구조, 세계에 대한 관점을 나타내는 틀, 새로운 정보를 지각하고 조직화하는 체계로 기능한다.

"선생님, 인간의 행동 기능은 지식을 얻기 위한 수단으로 작용하고 이 경우 인지 과정의 구조적 틀인 셰마를 사용해서 지식이라는 목적을 얻는다는 뜻인가요?"

"민수가 말한 대로다. 그런데 인간이 성장하고 발달함에 따라 인지도 발달한다는 것이 피아제의 생각이야. 피아제의 인지 발달 이론을 살피면 우리 인간의 앎의 과정도 발달 과정을 거친다는 것을 알 수 있어."

"그런데 인지 과정의 구조적 원리라고 할 수 있는 셰마는 어떻게 형성되는 거예요?"

"셰마는 동화(同化)와 조절(調節)에 의해 형성된단다. 우리는 이미 갖고 있는 지식으로 주어진 경험 내용을 해석하고 인지하는데, 이 과정이 바로 동화야. 그런데 주어진 경험 내용이 기존의 지식으로 해석되지 않을 때는 기존의 지식을 수정해서 경험 사실을 설명하게 되는데, 이 과정이 바로 조절이란다. 피아제는 셰마의 발달 단계를 네 가지로 나누었어. 그러니까 인지 발달을 네 단계로 나눈 것이지."

"어떤 단계들이에요?"

"그것들은 감각운동 셰마 단계, 전조작 사고(前操作思考) 셰마 단계, 구체적 조작 셰마 단계 및 형식 조작 셰마 단계야."

"어휴, 도대체 무슨 말인지 전혀 모르겠네요. 너무 생소해요."

"알고 보면 사실 어려운 말들도 아니야. 이제 한 단계씩 민수가 알아듣기 쉽게 설명해 보마. 막 태어난 신생아는 극히 제한된 몇 가지 반사행동만 보이지만 점차 외부 사물을 감각하고, 감각한 것에 반응한단다. 그래서 신생아가 성장함에 따라 감각과 반응의 협동이 발달하는 거야. 출생 후부터 18개월 내지 2년간을 감각운동 셰마 단계라고 해."

"선생님, 감각운동 셰마 단계의 특징은 어떤 거예요?"

"이 단계의 아기들은 점차 사물의 영속 개념을 갖기 시작한단다. 출생 후 6개월 된 아기는 감각과 반응의 협동으로 장난감을 손에 쥐고 놀 수 있잖니. 그런데 이 시기에 아기의 장난감을 몰래 감추거나 천으로 덮어 놓으면 아기는 방금까지 갖고 놀던 장난감을 더 이상 찾지 않는단다. 이제는 그 장난감이 존재하지 않는다고 인식하기 때문이지. 하지만 출생 후 8개월이 넘으면 감춰진 장난감을 찾을 수 있게 돼. 사물이 보이든 안 보이든 영속한다고 인식하기 시작한 거란다.

여기에서 조금 더 들어가 볼까? 1년 6개월 된 아이에게 장난감을 베개 밑에 감추는 것을 보여 주면 아이는 베개 밑에 장난감이 있다는 걸 알고 베개를 들춰서 장난감을 찾아내지. 그런데 장난감 위에 천을 덮고 그 위에 베개를 얹어 놓는다면 어떻게 될까? 이번에도 아

이는 베개 밑을 들춘 후 다시 천을 들춰서 장난감을 찾을 수 있을까? 재미있게도, 아이는 베개를 들춘 후 천만 보이면 더 이상 천 밑의 장난감을 찾으려 하지 않는단다. 그래서 인간은 18개월 내지 2년이 지나야 말을 배우고 언어 상징을 사용할 수 있는 거야."

"그래서 감각운동 셰마 단계를 지나 전조작 셰마 단계로 넘어가는군요? 그렇다면 전조작이란 논리적 사고의 조작적 법칙을 아직 알지 못하는 전 단계를 말하는 거겠네요?"

"그래. 말을 배워서 사물을 직접 감각하지 않고 언어 상징을 사용하는데 이 시기의 아이들은 자기중심적이야. 그래서 지시대명사를 자기 마음대로 쓰고 또 자기가 상상한 것은 다 살아 있다고 믿기 때문에 인형과 같은 사물과도 대화를 하지. 이와 같은 것을 물활론(物活論)◆을 바탕으로 한 사고라고 해. 즉, 모든 사물들이 생생하게 살아 있다고 생각하는 거지. 이런 시기는 7세까지 계속된단다."

"구체적 조작 셰마 단계는 어떤 건가요?"

"사물을 보는 개념이 확실해지고 논리적 사고도 가능한 8세부터 12세까지가 구체적 조작 셰마 단계에 해당한단다. 5세 아이들은 자기 집에서 꽤 떨어진 친구 집에 갈 수는 있어도 가는 길을 그리지는 못해. 하지만 8세 아이들은 친구 집까지 가는 길을 구체적으로 파악할 수 있기 때문에 친구 집에 가는 길을 그릴 수 있지."

"그럼 마지막으로 형식 조작 셰마 단계는 어떤 거예요?"

"어떤 사람은 이 단계를 가설 연역(假設 演繹)◆의 사고 단계라고도 한단다. 이 단계는 성인의 인지 단계에 해당하는데, 12세나 되어야 가능하지. 말하자면 신체도 사춘기에 접어들어야 성인 수준으로 발달하고, 인지 단계 역시 사춘기에 이르러야 성인 수준에 도달할 수 있는 거지."

"선생님, 형식 조작 셰마 단계라면 형식을 조작하는 틀의 단계라는 뜻인데, 형식은 무엇을 뜻하나요?"

"형식은 수학이나 논리를 뜻한단다. 12세가 지나면 사물의 구조와

물활론
모든 물질은 생명이나 혼, 마음을 가지고 있다고 믿는 자연관. 그리스의 탈레스, 독일의 헤겔 등이 주장했다.

가설 연역
일반적인 명제를 토대로 구체적인 명제에 도달하는 것으로, 삼단논법은 가설 연역적 추리의 대표적인 예다.

형식을 알기 때문에 로봇이나 비행기를 분해하고 다시 만들기도 하고 또 논리적 및 수학적으로 생각하면서 어른의 단계에 거의 도달한단다."

제아무리 수재나 천재라고 해도 이와 같은 인지 발달의 단계를 거치지 않고는 재능을 발휘할 수 없다. 인간의 사랑 역시 인지 발달 단계와 밀접한 관계가 있다.

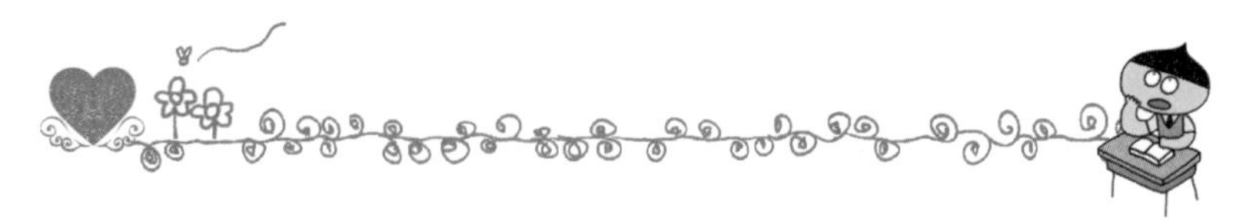

도덕적 판단의 발달 단계

하버드대학의 심리학 교수 콜버그◆는 인간이 도덕적 가치를 어디에서 찾는가에 따라 도덕 판단의 발달 단계를 구체적으로 제시했다. 콜버그는 중추와 감각, 신체와 운동, 인지, 성격 등이 일정한 발달 단계를 거치며 도덕 판단 역시 발달 단계를 거친다고 했다.

민수와 선생님의 대화를 들어 보자.

콜버그(1927~1987)
미국의 심리학자로 장 피아제의 인지 발달 이론에 영향을 받아 도덕성 발달에 대한 이론을 제시했다.

"선생님, 최근에 어떤 책을 읽다가 가치관, 다시 말해서 도덕 판단은 발달 단계를 거친다는 내용을 보았어요. 보통 때는 양심이 도덕 판단의 알맹이이고 인간이 성장함에 따라서 가치관도 변할 거라고 생각했는데, 도덕 판단도 발달 단계를 거친다니까 어떤 단계를 거치는지 궁금해요."

"심리학자 콜버그는 도덕 판단의 발달 단계를 도덕 판단 수준에 따라 세 가지로 나누었단다. 그것들은 관습◆을 기준으로 나뉘는데 전관습적(前慣習的) 수준, 관습적 수준, 탈관습적(脫慣習的) 수준이야."

관습
한 사회에서 오랫동안 지켜 내려와 사회 구성원들이 널리 인정하는 질서나 풍습

"전관습적 수준이니 뭐니, 전혀 이해가 안 돼요. 좀 더 풀어서 말씀해 주시면 좋겠어요."

"쉽게 말하면 나이에 따라 가치관이 발달한다는 거란다. 물론 사람에 따라 약간의 차이가 있을 수 있지만, 대부분의 사람들에게서 나타나는 도덕 판단 수준은 나이에 따라 발달한다는 말이지."

"수준이라는 말은 단계를 뜻하는 거죠? 수준이나 단계를 구체적으로 알고 싶어요."

"민수야, 단계란 다름 아닌 도덕 판단의 단계인데 도덕 판단이 지향하는 것이 바로 단계의 내용이란다. 전관습적 수준은 대체로 쾌락을 지향해. 그러니까 전관습적 수준은 쾌락 지향의 단계라고도 할 수 있지. 전관습적 수준은 출생 후부터 7세에 이르기까지의 단계이고 이 수준은 1기와 2기로 다시 나뉜단다. 1기는 처벌과 순종 지향의 시기야. 아기들은 아직 지능이 발달하지 못했기 때문에 가능하면 처벌은 피하고 권위와 힘에 순종하려는 경향을 띠는 거야. 강아지 등의 동물들이 처벌은 최대한 피하고 권위와 힘에 순종하는 것과 유사한 모습임을 알 수 있어."

"전관습적 수준의 가장 초보적인 시기가 1기군요. 그럼 2기는요?"

"2기는 이기적 지향의 시기야. 조금 큰 아기들에게 인생은 욕구 충족 과정일 뿐이란다. 이 시기의 두 아이에게 크기가 거의 똑같은 사과를 하나씩 나눠 주면 두 아이는 상대방의 사과가 더 크다고 생각하고 사과를 바꾸려고 하지. 이기적 입장에서 욕구를 충족시키려고 하기 때문에 그런 거란다. 전관습적 수준은 아기들이 아직 사회적 관습에 제대로 적응하지 못한 단계라고 할 수 있어. 8세부터 사춘기 이전까지의 아이들은 전관습적 수준에서 관습적 수준으로 향해 가는 단계라고 할 수 있단다."

"선생님, 그럼 관습적 수준의 특징은 무엇인가요?"

"그거야 물론 사회적 도덕관을 인정하고 그것을 따르는 것이지. 관습적 수준에 속하는 것은 발달의 3기와 4기야. 3기에서 사춘기 청소년들은 사회적 요인을 지향하게 되어 있단다. 청소년들은 남들로부터 인정받기를 원할 뿐만 아니라 칭찬을 받고 싶어 하지. 그래서 청소년들은 가족, 친구 그리고 이웃과의 감정적 공감에서 삶의 가치를 찾을 수 있다고 믿는단다."

"그러니까 사람은 나이를 먹어 가면서 이기적인 가치관에서 공동체의 가치관으로 발달한다고 말해도 되겠네요?"

"당연하지. 민수야, 그럼 4기는 어떤 도덕적 수준인지 알 수 있겠지?"

"사춘기를 지나 19세 전후의 성인이 될 때까지가 4기라고 할 수 있을 것 같아요. 이때는 성인 단계에 들어갔으니까 법을 지향하는 시기가 아닐까요?"

"그래, 아주 잘 말했다. 알기 쉽게 말하자면 관습적 수준의 4기는 일반 성인들의 가치관의 수준이라고 봐도 된단다. 이 시기는 질서와 법을 지향하는 시기야. 일반인들은 법적 권위를 따르고 사회질서를 유지하는 것을 가치 있는 삶이라고 믿지. 그래서 사람들은 법과 사회 질서를 제대로 지킬 줄 아는 사람을 가리켜서 선진 사회의 시민이라고 부르는 거야."

"선생님의 설명을 들으니까 머리에 쏙쏙 잘 들어오네요. 그런데 선생님, 탈관습적인 도덕 판단의 수준은 어떤 거예요? 탈관습적이라는 말은 탈사회적이라는 말과 비슷한 의미로 들리는데 그렇게 봐도 될까요?"

"그래도 무리는 없을 거야."

"그럼, 아기나 아이의 가치관은 전관습적 수준에 머물러 있고, 사춘기 청소년부터 성인에 이르기까지의 가치관은 사회적이며 관습적이라는 것은 충분히 알겠어요. 그런데 탈관습적 수준의 가치관 내지 도덕 판단이라는 게 있을 수 있는 건가요?"

"아무렴. 콜버그는 있다고 주장했고, 이 선생님도 그런 수준이 있다고 확신해. 우선 철학자들의 가치관을 살펴보렴. 칸트◆ 같은 철학자는 인간 의지의 바탕은 도덕법칙이라고 보았어. 그에 의하면, 타인을 수단으로 대하지 말고 나와 마찬가지로 목적으로 대하라는 도덕법칙이 가치관의 근거야. 인간 의지나 도덕법칙을 근거로 인류애를 가장 가치 있는 것으로 여기는 단계가 5기라고 할 수 있단다. 6기는 5기와 비슷한데, 인간이 서로 신뢰하고 존중함으로써

칸트(1724~1804)
서유럽 근세 철학의 전통을 집대성하고, 전통적 형이상학을 비판하며 비판철학을 탄생시킨 독일의 철학자

개인과 인류를 동시에 사랑하는 단계란다. 마지막으로 7기는 개인과 우주가 하나가 될 수 있다는 도덕 판단의 수준이야. 그런데 5, 6, 7기는 보통 사람들에게는 아주 드문 경지라는 걸 알 수 있지."

"선생님, 콜버그의 도덕 판단 발달은 하나의 이론적 가설◆이지요?"

"그렇기는 하지. 그래도 상당히 설득력 있는 가설이란다."

가설
어떤 사실을 설명하거나 이론 체계를 추론해 내기 위해 설정한 가정으로, 가설로부터 이론적으로 나온 결과가 관찰이나 실험에 의해 검증되면 타당한 진리가 된다.

성적 발달은 성격에도 영향을 미칠까

성격 발달에 관해서 여러 가지 이론이 있지만 여기에서는 현대의 정신분석학을 창시한 지그문트 프로이트◆의 심리성적(心理性的) 성격 발달 이론을 살펴보면서, 과연 성격이 무엇에 의해서 어떤 발달 단계를 거치는지 알아보자.

프로이트는 초기 사상에서 인간의 정신과정을 의식(意識), 전의식(前意識), 무의식(無意識)의 세 가지로 구분했다. 쉽게 말해서 의식이란 이성적 자아다. 무의식은 본능적 충동이며 항상 의식으로 뛰쳐나오려고 한다. 전의식은 무의식과 의식 사이에 있으면서 무의식에 있는 것을 의식으로 보내도 될지 여부를 검열하는 일종의 검열관이다. 그런데 프로이트는 후기 사상

지그문트 프로이트 (1856~1939)
오스트리아의 심리학자·신경과 의사. 정신분석학의 창시자로, 정신분석의 방법을 발견하여 잠재 의식을 바탕으로 한 심층심리학을 수립했다.

초자아
자아가 원시적 욕구를 억제하고 도덕이나 양심에 따라 행동할 수 있게 하는 정신 요소로, 프로이트의 정신분석학에서 이드 및 자아와 더불어 정신을 구성하며 도덕 원칙에 따른다.

에서 정신 과정을 자아, 초자아[◆], 원초아로 새롭게 구분했다.

원초아는 리비도(libido)라고 하는데, 리비도는 성적(性的) 충동을 말한다. 프로이트에 의하면 자아나 초자아는 원래 리비도였던 것들이고 리비도에서 나와서 변형된 것들이다. 프로이트가 말하는 성격 발달은 성적 발달에 대응한다. 성격 발달의 바탕이 되는 것이 성적 발달이므로, 성적 발달의 단계를 먼저 이해하지 않으면 안 된다.

성적 발달은 리비도가 신체의 어떤 부분을 통해 어떻게 발달하는가에 따라 나뉜다. 프로이트는 개인의 성적 발달 단계를 다섯 단계로 나누었다. 구강기(1세), 항문기(2세), 성기기(3세), 잠복기(4세~사춘기 이전), 생식기(사춘기 이후)다. 결론부터 말하자면, 개인이 각각의 성적 발달 단계에서 어떤 경험을 주로 하느냐에 따라서 성인이 된 후 성격이 결정된다는 것이 프로이트의 생각이다.

구강기 아기의 리비도(성 충동 또는 원초아)는 구강, 즉 입에 집중된다. 태어나는 순간부터 아기는 입으로 엄마 젖을 빠는 데서 쾌감을 느낀다. 프로이트에 의하면 아기 입의 대상이 되는 세계는 엄마의 유방이다. 엄마 품에서 사랑을 듬뿍 받으며 만족스럽게 젖을 먹고 자란 아기와 그렇지 못한 아기는 성인이 되었을 때 서로 전혀 다른 성격을 지닌다는 것이 프로이트의 견해다.

남을 헐뜯고 비방하며 사람들과 말다툼을 일삼는 성격은 구강 가학 성격인데, 이런 성격의 소유자는 구강기에 젖을 제대로 먹지 못한 사람이다. 반대로 지식, 사상, 신념 및 사물을 자기 것으로 만들며 소화하는 사람의 성격은 구강 흡수 성격이다. 이러한 성격의 소유자는 구강기에 모유를 충분히 먹고 자란 사람이다.

항문기는 2세의 아이가 거치는 성적 발달 단계다. 구강기의 경우와 마찬가지로 항문기를 아이들이 어떻게 보내느냐에 따라서도 성인이 되었을 때의 성격이 결정된다. 구강기를 벗어난 아이들은 배설 기관을 마음대로 지배하면서 성적 쾌감을 맛보려고 한다. 항문기에 접어들면 리비도는 항문으로 집중되어 항문을 통해서 욕망을 충족시키려고 한다. 우선 아이들은 배설하면서 자신들의 고유한 세계를 만든다고 생각한다. 다음으로 이 세상에 엄청난 선물을 준다고 생각한다. 또한 극치의 성적 쾌감을 느낀다. 항문기의 배변 습관에 따라서 아이들은 성인이 되었을 때 항문 파지 성격이 되거나 아니면 항문 파열 성격이 될 수 있다.

만일 부모가 지나치게 엄할 정도로 아이의 배변 습관을 통제하면 아이는 너무 깔끔하고도 인색하며 강박적인 항문 파지 성격이 된다. 배변을 실수할 때마다 부모가 야단을 치면서 "대변과 소변은 반드시 여기에서 봐야 해. 다른 곳에다 하면 혼난다!"라고 심하게 통제하면 아이는 커서 매사에 인색하고 깐깐한 항문 파지 성격이 되는 것이다.

반면, 부모가 아이를 너무 사랑한 나머지 "금쪽같은 내 새끼, 대변도 소변도 네 마음대로 아무 곳에나 싸렴" 하고 지나치게 내버려 두면 아이는 커서 항문 파열 성격이 된다. 제멋대로이고 잔인하며 파괴적이고 무질서한 항문 파열 성격이 되는 것이다.

세 번째 성적 발달 단계는 성기기(性器期)다. 이때의 아이들은 자기들이 창조적으로 놀 수 있는 도구를 찾아내는데, 그것은 다름 아닌 성기다. 아이들은 자신의 성감대를 자극함으로써 자기 쾌감에 빠진다. 이 시기의 아이들은 남녀의 해부학적 차이에 대해 호기심이 강하며, 어떤 때는 불안과 혼란에 빠지기도 한다. 아이들은 자기들이 엄마를 통해서 아기를 만들 수 있다고 상상하며, 아기는 엄마의 항문을 통해 출산되는 것으로 믿는다.

네 번째 성적 발달 단계는 잠복기인데, 이 시기는 6~7세부터 사춘기 이전까지다. 잠복기에는 그 이전에 활발하던 성 충동이 심층으로 가라앉아 겉으로는 사라져 버린 것처럼 여겨진다. 아이들의 성 충동은 오이디푸스 콤플렉스 또는 엘렉트라 콤플렉스와 함께 억압당하고 은폐된다. 남자아이가 아버지를 제거하고 엄마를 차지하려는 불안이 오이디푸스 콤플렉스다. 반대로 여자아이가 어머니를 제거하고 아빠를 차지하려는 불안이 엘렉트라 콤플렉스다. 두 가지 콤플렉스는 5~6세에 형성되며 사춘기 이전까지는 대부분 이 단계를 극복하지만, 그렇지 못한 사람들은 성인이 되어 노이로제 환자가 되기 쉽다.

다섯 번째 성적 발달 단계는 생식기인데, 이 단계는 사춘기 이후 성인 단계다. 사춘기에 접어들면 지금까지 잠재적으로 숨어 있던 성은 엄청난 폭발력을 가지고 고개를 치켜든다. 짐승들은 생물학적으로 성적 본능이 일정하지만, 인간의 성 본능은 학습과 현실을 동반한다. 오직 인간만이 유아기와 사춘기의 복잡한 성적 발달 단계를 거친다. 또한 성행위에 있어서도 인간은 다른 동물들과 달리 훈련과 학습을 필요로 한다. 구강기, 항문기, 성기기, 잠복기, 생식기의 성적 발달 단계를 원만하게 경험한 사람만이 커서도 성생활을 원만히 할 수 있을 뿐만 아니라 원만한 성격의 소유자가 될 수 있다는 것이 프로이트의 생각이다.

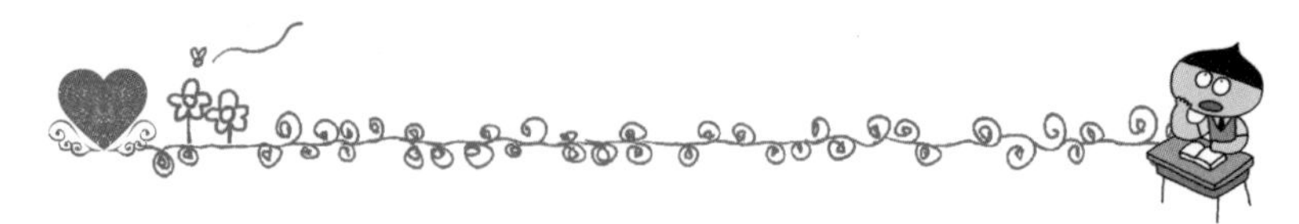

마음은 성장 중

"인생은 나그넷길, 어디에서 왔다가 어디로 가는가. 구름이 흘러가듯……"이라며 삶이 덧없다고 노래하는 것을 종종 들을 수 있을 것이다. 인간을 비롯해서 모든 생물은 생로병사(生老病死)◆의 자연 현상에서 벗어날 수 없다. 길다면 길고 짧다면 짧은 생로병사 단계를 거치면서 우리는 때로는 웃고 기뻐하며 사랑하고, 때로는 울고 슬퍼하며 증오하기도 한다.

진아와 선생님의 대화를 들어 보자.

생로병사
사람이 태어나고 늙고 병들고 죽는 네 가지 고통

"선생님, 이 세상에 태어난 사람이라면 누구나 살다가 나이가 들고 병들어 죽는 게 운명이겠죠? 제가 생각하기에는 우리가 나이 드는 것, 병, 죽음 등을 의미 있게 생각하는 근거는 바로 삶에 있어요. 아닌가요?"

"그래, 진아가 제대로 말했구나. 인간의 3대 본능은 식욕, 갈증욕, 성욕이라고 했는데, 이것들은 모두 생명의 가장 기본적인 욕망이란다. 이외에도 명예욕, 권력욕, 금전욕, 지배욕 등이 있는데 이런 욕망들 역시 삶을 위한 것들이지. 어찌 보면 너무 짧은 것이 인생이야. 그래도 아무렇게나 살지 않고 얼마만큼 보람 있고 가치 있는 삶을 살아왔으며 또한 그런 삶을 앞으로도 계속해서 살아갈 수 있는지가 가장 중요한 것 아니겠니?"

"맞는 말씀이에요. 그런데 선생님, 보통 삶의 단계를 아동기, 청소년기, 성년기, 노년기로 구분하죠?"

"그래, 학자에 따라 구분이 조금씩 다르기는 하지만 일반적으로는 삶의 단계를 아홉 단계로 본단다. 그것은 출생 전 시기(임신에서 출산 전까지), 유아기(출생~18개월), 아동 초기(18개월~6세), 아동 후기(6~13세), 청년기(13~20세), 성년기(20~45세), 장년기(45~65세), 노년기(65세~), 죽음, 이렇단다."

"그렇게 자세히 나눠 보니 더 확실해 보여요. 그럼 각 단계의 특징은 어떤가요?"

"각 단계를 자세히 살펴볼까? 출생 전은 태아기로, 이 시기의 특징은 신체 발달에 있단다. 유아기의 아이들은 걷기를 배우고 기초 언어를 익히며 부모나 형제 등에게 애착 반응◆을 보이지. 아동 초기에 해당하는 아이들은 남과 완전한 대화를 할 수

애착 반응
친숙한 사람을 낯선 사람과 비교하여 혼란을 느끼는 낯가림. 부모나 애착의 대상과 분리되었을 때 느끼는 분리 불안이 있는데, 안정적으로 애착 관계를 형성하면 분리 불안을 덜 보이는 경향이 있다.

있고 남녀의 성을 구분할 수 있어. 그리고 모여서 놀이를 하고 학교에 갈 준비를 하지. 아동 후기의 지적 수준은 거의 성인 수준에 도달한단다. 신체와 정신은 사춘기를 맞이할 준비를 하지."

"그다음은 청년기인데, 청년기는 사춘기부터 20세까지잖아요. 이 시기는 매우 복잡하고 혼란한 시기 같아요. 바로 이 시기가 청소년기이고 질풍노도*의 시기에 해당하잖아요."

"진아야, 청소년기를 왜 폭풍의 시기니 질풍노도의 시기니 하는지 아니?"

"그거야, 신체는 부쩍부쩍 성장하는데 지적 수준은 그에 못 미치고 갑자기 복잡한 상황에 직면해서 혼란스럽고 당황하는 시기라서 그런 거 아닐까요?"

"맞았어. 몸은 거의 성인 수준으로 자랐는데 정신은 그렇지 못한 것이 청소년들이란다. 사회와 어른들은 청소년들에게 의무와 책임을 추궁하지만, 청소년들은 아직 능력이 안 돼서 갈팡질팡하며 혼란스러운 거지. 그래서 청소년들은 술, 담배, 약물, 그리고 심한 경우 가출이나 원조 교제 등 잘못된 방향으로 눈길을 돌려서 혼란에서 달아나려고 시도하는 일이 있는 생기는 거란다. 그러니까 질풍노도와 같은 청소년기를 잘 극복하는 사람만이 안정된 성년기를 맞이할 수 있는 거야."

질풍노도
'강한 바람과 성난 파도'라는 뜻. 청소년기의 격동적인 감정을 표현하는 말로 사용된다.

"그러면 성년기의 특징은 어떤 거예요?"

"20세에서 45세까지를 성년기라고 하지. 우리나라에서 제일 힘들게 일하는 세대가 어떤 세대인지

혹시 알고 있니?"

"예. 엄마가 그러는데 우리나라의 30~40대 남자들이 가장 힘들대요. 여자들도 마찬가지겠지요."

"그건 왜 그럴까?"

"남자들은 군대 갔다 오고 취직한 후 결혼해서 아이를 낳고 집 장만하랴, 아이들 키우랴, 게다가 돈도 모아야 하고……. 그러려면 눈코 뜰 새 없이 일해야 하기 때문이겠죠."

"진아가 대학교에 간 후 졸업반이 되면 왜 우리나라의 30~40대가 제일 힘들게 일하는지 잘 알게 될 거야. 우선 가정을 책임져야 하고, 다음으로 자기 일터에서 최대한 능력을 발휘해야 하기 때문에 전력을 쏟아 일하는 시기가 바로 그때이기 때문이란다."

"그러다 보면 어느새 40대 중반이 되고 말이에요. 그럼 그때부터 65세까지는 장년기죠."

"그래, 우리가 지금 말하는 것은 일반적인 삶의 발달 단계야. 특수한 경우도 허다하게 많단다. 예컨대 엄마 배 속에서 유산되어 세상의 빛조차 못 보는 생명들도 있고, 질병이나 각종 사고로 장년기까지 살아 보지도 못하고 일찍 사망하는 사람들도 헤아릴 수 없이 많잖니. 그래도 많은 사람들은 출생 전부터 여러 단계를 거쳐 장년기와 노년기를 맞는단다.

장년기에 이르면 삶은 영글기 시작해서 각자 자신을 평가하게 돼. 개인은 사회적으로 안정되고 자기 일에서 최고 수준에 도달하지. 그런데 또 한편으로는 사회에서 은퇴하게 되고 자식들을 결혼시킴으로써 고독감을 느끼게 되지."

"그럼 마지막 삶의 단계인 노년기는 어떤가요?"

"추억에 묻혀서 사는 것이 노년기의 인생이란다. 노인들은 일생 동안 성취해 놓은 것을 돌아보지. 그리고 온갖 병에 시달리기도 하고. 그래서 더욱 건강에 신경을 쓰고 머지않아 다가올 죽음을 준비한단다. 삶의 최후의 단계는 죽음이야."

이상의 대화에서 우리는 삶의 여러 단계들을 살펴보았다. 만일 이와 같은 삶의 여러 단계들을 사랑으로 수놓을 수 있다면 그런 사람이야말로 가장 행복할 것이다.

생각해 볼 문제

❶ 중추신경과 감각은 어떤 것이며, 그것들은 어떻게 발달하는지 조사해서 발표해 보자.

❷ 신체 발달과 운동 발달에 관해 이야기해 보자. 신체 발달의 두 가지 원리는 무엇인가? 아이들의 포악 운동과 보행 발달 그리고 발성 기관의 운동 발달에 대해서도 이야기해 보자.

❸ 스위스의 심리학자 피아제가 제시한 인지 발달 단계를 알아보고 각 단계의 특징을 설명해 보자.

❹ 콜버그가 말한 세 가지 도덕 판단의 발달 단계들은 전관습적 수준, 관습적 수준, 탈관습적 수준 등이다. 각 수준의 특징을 구체적으로 말해 보자.

❺ 리비도는 무엇인가? 리비도의 발달에 따라 성격 발달이 어떻게 이뤄지는지 이야기해 보자.

❻ 출생 전부터 사망에 이르기까지 삶의 단계들을 제시하고, 이러한 삶의 단계를 통해서 인간의 사랑은 어떤 역할을 하는지 생각해 보자.

4장

사랑의 발자취를 찾아라

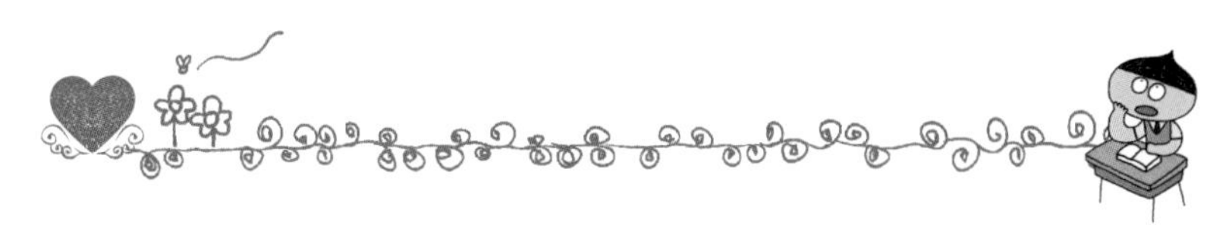

풋사랑과 짝사랑

소중하고 성숙한 사랑의 열매를 맺기 위해서는 엄청나게 많은 배려, 헌신, 인내, 이해 그리고 노력이 있어야 한다. 자신의 성적 욕구만을 충족하려는 경향이나, 아름답고 값진 것을 소유하려는 경향을 사랑이라고 생각하는 사람은 자기중심적 사랑, 곧 이기주의적 사랑의 틀에 갇혀 있는 것이다.

자기중심적 사랑은 순간적 쾌락을 가져다줄지는 모르나, 머지않아 타인을 해치며 자기 자신마저 파괴한다. 자기중심적 사랑은 친밀감, 책임감이 없고 오직 열정만 있는데, 그 열정 또한 타인과 하나가 되려는 열정이 아니라 자신의 욕망을 충족시키려는 격정일 뿐이다. 인간은 더불어 함께 살아가는 존재인데 오로지 자기중심적 사랑만 추구하는 삶은 그야말로 성숙하지 못한 것이다.

진아와 어머니의 이야기를 들어 보자.

"엄마, 사랑에도 교육과 훈련이 필요하다는 이야기들을 하는데, 저는 잘 이해가 가지 않아요. 아무런 꾸밈없이 좋아하고 위해 주는 것이 사랑 아닐까요? 저는 순수한 사랑이란 교육이나 훈련과는 아무 상관이 없다고 생각해요."

"진아야, 동물 세계의 본능적인 사랑은 훈련이나 교육이 필요 없을 거야. 텔레비전의 동물이 등장하는 프로그램을 보면 악어와 같은 파충류의 새끼 사랑이라든가 새들의 새끼 사랑을 볼 수 있어. 그렇지만 새끼들의 부모 사랑은 전혀 볼 수 없지. 그리고 짐승의 세계에서는 새끼들이 커서 부모 품을 떠날 때 대부분 부모나 새끼나 이를 자연스럽게 받아들이잖니? 부모 품을 떠난 짐승들은 또 암수가 서로 짝을 만나 짝짓기를 하고……. 이런 것이 본능적인 사랑이란다. 그런데 인간은 어떻지? 물론 인간에게도 본능적인 사랑이 있지. 그러나 인간의 사랑은 본능적인 사랑을 포함하는 매우 복잡한 사랑이란다."

"그럼 풋사랑이나 짝사랑은 뭐예요? 엄마, 나는 풋사랑은 잘 모르겠지만 짝사랑은 알겠어요. 사실 나도 초등학교 때 우리 담임선생님을 짝사랑했거든요. 엄마는 몰랐죠?"

"그랬어? 하긴 진아 초등학교 3학년 때 선생님은 정말 멋진 분이었지. 노래를 아주 잘하신다는 소문도 있었단다. 그 선생님을 진아가 짝사랑했다는 거구나?"

"엄마는 몰랐겠지만, 거의 1년간 상사병을 지독히 앓았다고요. 지금 생각하면 정말 우습지만요. 솔직히 말하면, 그때 멋쟁이 선생님을 내 애인이라고 생각하고 함께 손잡고 산책하는 꿈, 선생님의 품에 안기는 꿈을 얼마나 많이 꾸었는지 몰라요. 그러다가 그해 겨울 선생님께서 결혼하신다고 했을 때 혼자서 얼마나 서럽게 울었다고요. 벌써 까마득한 옛날 일이 되어 버렸네요. 그래서 짝사랑, 하면 꼭 그때가 생각나요."

"그래. 짝사랑은 일종의 몸살 같은 거지. 그런데 진아야, 이거 아니? 짝사랑이야말로 자기중심적인 사랑이고 이기적인 사랑이라는 거 말이야. 그리고 짝사랑은 이뤄질 수 없는 사랑이니까, 사랑이라고 할 수 없고 오히려 상상이라고 하는 편이 나을 것 같구나. 그런가 하면 풋사랑은 싱싱한 사랑이야. 엄마가 사랑도 훈련과 교육이 필요하다고 했지? 훈련과 교육을 거치면 성숙한 사랑을 할 수 있단다. 하지만 남녀가 오직 좋아하는 감정이나 친밀감만 가지고 열정적인 관계에 집착하면 풋사랑을 경험하게 된단다."

"엄마, 그런데 풋사랑은 왜 금방 깨지고 말죠?"

"말 그대로 풋사랑이니까 그렇지. 풋사랑이란 아직 준비가 되어 있지 않은 사랑이란다. 그래서 금방 시들어 버리고 마는 거지. 우리 진아도 짝사랑은 경험해 봤다며? 그럼 이제 머지않아 풋사랑도 맛보게 되겠구나. 진아야, 풋사랑은 책임감이 결여된 감정이란다. 서로 좋아서 열정적으로 사랑하다가 문득 상대방을 책임져야 한다는 압박감에 불안을 느끼면 풋사랑은 깨져 버리고 마는 거지."

"정말 말 그대로 풋사랑이네요."

"진아야, 풋사랑이나 짝사랑이나 첫사랑은 다분히 상상적이고 자기중심적이기 때문에 오래가지 못하게 마련이란다."

"그래도 엄마, 그런 사랑은 나중에 기억에 소중하게 남는다고들 하던데, 그건 왜 그럴까요?"

"몇 가지 이유가 있겠지. 풋사랑, 짝사랑, 첫사랑 등은 자기만의 상상과 꿈과 기대가 가득한 사랑이고, 또 열병과도 같은 걱정을 동반하는 사랑이기 때문에 기억에 강하게 남는단다. 게다가 그런 사랑은 성숙한 사랑을 위한 밑거름이 되기 때문에 소중한 추억이 되지. 하지만 그런 사랑이 돌이킬 수 없는 상처를 동반하는 경우도 참 많단다."

"맞아요. 어린 시절 한때의 실수로 평생 상처를 안고 사는 사람들에 대한 이야기를 많이 들었어요. 그럼 엄마, 일상생활에서 대부분의 사랑은 자기중심적인 건가요?"

"그런 것 같구나. 많은 사람들은 주는 것보다 받는 것을 사랑이라고 생각하지. 그건 인간이 자기중심적이기 때문일 거야."

자기중심적인 사랑은 성숙하지 못한 사랑이기 때문에 인간과 아울러 사회를 이기적이고 배타적인 곳으로 만든다. 그러므로 성숙한 사랑은 교육과 훈련이 필요하다. 더 나아가서 성숙한 사랑에는 친밀감, 책임감, 열정 뿐만 아니라 관심과 이해 그리고 배려도 필요하다.

쾌락을 채우기 위한 사랑

정신분석학자 프로이트에 의하면 남녀 간의 사랑은 성 충동의 표현이다. 어린아이 시절에 성 충동이 어떻게 표현되느냐에 따라 성인이 되었을 때의 성격이 결정될 뿐만 아니라, 사랑하는 태도마저 결정된다는 것이 프로이트의 생각이다. 한 살 먹은 아기는 먹고 자는 데 대부분의 시간을 보낸다. 아기에게는 욕구를 충족하는 데 입이 전부이고 그 대상은 엄마의 젖이다. 아기 때 엄마 젖을 충분히 먹고 자란 사람은 나중에 구강 흡수 성격이 된다. 그러나 젖을 제대로 못 먹고 자란 사람은 성인이 되어 구강 가학 성격이 된다. 구강 흡수 성격의 사람은 넘치는 사랑을 할 것이고, 구강 가학 성격의 사람은 자기중심적 내지 욕구 충족적 사랑에 집착할 것이다.

1세 때의 구강기를 지나면 아기는 항문기에 접어든다. 이때는 배변 훈련이 중요하다. 배변 훈련이 강압적인 아이는 커서 항문 파지 성격이 되어 매사에 인색한 사람이 된다. 반면, 배변 훈련이 너무 느슨해서 멋대로 아무 데나 대소변을 본 아이는 성인이 되어 항문 파열 성격이 된다. 이런 사람은 매사에 헤픈 성격이 된다. 사랑에 있어서도 항문 파지 성격은 자기중심적이며 인색하고, 항문 파열 성격은 전혀 자신을 돌보지 않고 무절제하다.

3~4세의 아이들은 성기기에 접어들면서 자신의 생식기를 자극해서 만족감과 쾌감을 얻는다.

5~6세가 되면 남자아이는 오이디푸스 콤플렉스를, 여자아이는 엘렉트라 콤플렉스를 겪는다. 남자아이는 경쟁자인 아버지를 제거하고 여성인 엄마를 소유하려는 불안에 빠진다. 반대로 여자아이는 경쟁자인 어머니를 제거하고 남성인 아버지를 소유하려는 불안에 빠진다. 이 시기에 남자아이나 여자아이가 오이디푸스 콤플렉스, 엘렉트라 콤플렉스를 극복할 때 아이들은 바른 성격으로 자랄 수 있고 성숙한 사랑을 할 수 있다. 만약 콤플렉스를 극복하지 못하면 아이들은 성인이 되어 성도착증 환자가 될 수도 있으며, 정상적인 사랑을 하는데 어려움을 겪는다.

프로이트에 의하면 성인의 성격과 아울러 인간은 영유아기에 성 충동이 어떻게 표현되느냐에 따라 결정된다. 프로이트의 이와 같은 입장을 확대한 것이 킨제이◆다.

킨제이(1894~1956)
미국의 동물학자, 성과학자로, 개별 조사를 통해 남녀의 성 행동을 연구한 『킨제이 보고』를 발표하여 엄청난 논란을 불러일으켰다.

킨제이는 남녀 간의 모든 관계의 기본에 성욕이

자리 잡고 있다고 보았다. 남녀 사이에서 가장 중요하게 작용하는 것이 섹스에 대한 욕망이라는 것이다. 남자가 여자를 쳐다보는 것, 남자가 여자에게 말을 거는 것, 여자가 남자의 손을 잡는 것, 여자가 남자에게 키스하는 것 등은 결국 성관계를 목적으로 삼고 있다. 이와 같은 입장은 인간의 삶의 과정을 성 충동의 표현이라고 보는 프로이트의 견해를 바탕으로 하고 있다.

민철이와 선생님의 대화를 들어 보자.

"선생님, 모든 사랑을 욕구 충족적 사랑으로 보는 사람이 있다는데, 저는 그 입장에 전적으로 동의해요. 특히 남녀 간의 사랑은 욕정적 사랑, 곧 욕구 충족적 사랑이에요."

"민철이가 무슨 뜻으로 그렇게 말하는지 선생님도 잘 알겠다. 하지만 어떤 사람들은 욕구 충족적이라고 보기 힘들더구나. 여자는 소아마비가 워낙 심해서 거동이 불편했고 성관계도 불가능했어. 그런데 남자는 사지가 멀쩡하고 건강했단다. 교회에서 둘이 만나 오래 연애하다가 드디어 결혼식을 올렸지. 이들의 사랑은, 특히 남자 쪽에서의 사랑은 욕구 충족적 사랑이 아니고 숭고한 사랑으로 보이더구나."

"그건 아주 드문 경우죠. 저는 늘씬하고 예쁜 여학생을 보면 막 사랑하고 싶은 격정에 휩싸여요. 그럴 때마다 마음을 가라앉히고 심호흡을 하면서 제 마음을 냉철하게 분석하죠. 그런 경우 제 사랑은 욕구 충족적 사랑이에요. 그 순간에 터질 것 같은 격정을 달랠 수 있는 유일한 길은 그 여학생을 있는 힘껏 껴안고 키스하는 길 외에는 다른 방법이 없을 것 같지만, 곧 정신을 차리면 그런 욕정적 사랑은 결코 오래가지도 못하고 성숙한 사랑으로 전환될 수 없다는 게 너무나도 분명해져요."

"민철아, 사랑은 열정이니까 욕정을 전부 배제할 수는 없겠지. 그러나 상대방은 전혀 배려하지 않고 자신의 욕정만을 채우려고 한다면 그런 사랑은 사랑이라고 이름 붙일 수 없단다. 사랑의 원천은 에너지일 수도 있고 성 충동일 수도 있어. 그러나 원천적인 힘인 에너지와 성 충동이 친밀감, 책임감, 열정, 관심, 이해, 배려 등과 함께할 때 그

힘은 사랑으로 전환되는 거야. 그래서 선생님은 성숙한 사랑이야말로 인간과 사회를 개방시킬 수 있다고 믿는단다."

"선생님 말씀을 듣고 보니 많은 것을 생각하게 되네요. 제 친구 종권이가 어느 여학생을 미치도록 사랑한다면서 매일 저녁 만나서 데이트하고 하루에도 수십 번씩 전화 통화를 한대요. 학교 수업 시간에도 달려가서 막 껴안고 싶대요. 요사이 종권이는 정상적인 생활을 거의 하지 못하고 있어요. 종권이의 불타는 듯한 사랑은 욕구 충족적 사랑이니까 성숙한 사랑이라고 할 수 없을 것 같아요."

삶이란 체험과 표현과 이해의 순환 구조라고 어느 철학자가 말했다. 사랑 역시 체험과 표현과 이해의 순환 구조다. 우수한 교육과 훈련을 통해 다양한 각도에서 사랑을 체험하고 표현할 때 우리는 성숙한 사랑을 이해할 수 있다.

인간은 누구나 자기 보존 본능이 있으므로 자기중심적 사랑과 욕구 충족적 사랑에 빠질 수 있다. 그러나 한 인격체로서 성숙한 사랑을 체험하고 표현하며 이해하기 위해서는 되도록 빨리 자기중심적 사랑과 욕구 충족적 사랑을 극복해야 한다.

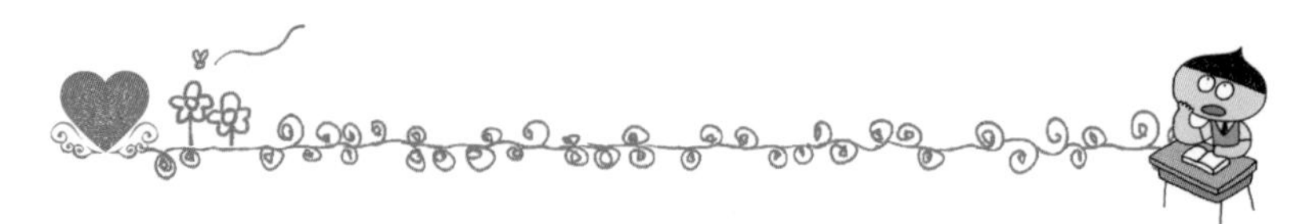

사랑의 의미는 어떻게 변했을까

일반적으로 친밀감과 책임감, 열정을 가진 인간의 태도를 사랑의 정서라고 본다. 보통 사랑을 말할 때는 우선 남녀 간의 사랑을 말하며, 다음으로 모성애, 우정, 인류애 등 인간관계로서의 사랑을 이야기하고, 끝으로 모국애, 자연 사랑, 예술 사랑, 종교적 사랑 등에 대해 이야기한다. 사랑의 정서는 매우 복잡하고 포괄적인 것이다. 특히 사랑 개념은 성이 광기(狂氣)의 개념과 마찬가지로 시대와 상황에 따라 여러 가지로 변해 왔다는 사실을 알아야 한다.

공수래공수거
빈손으로 왔다가 빈손으로 간다는 뜻으로, 재물에 욕심을 부릴 필요가 없음을 이르는 불교의 가르침

유진이와 선생님의 대화를 들어 보자.

"선생님, 이 세상에 변하지 않는 건 아무것도 없

죠? 그래서 불교에서는 세상만사가 모두 변하고 순간적인 것이니까 공수래공수거(空手來空手去)◆라고 했나 봐요. 선생님, 까마득한 옛날에도 사랑이라는 말이 있었을까요? 제 생각에는 아닐 것 같아요. 원시 시대에는 아직 언어가 없었고, 인간의 조상들도 울부짖거나 속삭이는 소리로 아주 간단한 의사소통만 했을 테니까요. 하긴, 생활과 생각이 복잡해지고 삶이 체계적이고 조직적으로 되면서 언어가 생겨난 거잖아요. 선생님, 제 생각에는 인간이 사랑이라는 개념을 처음 사용할 당시에는 요즘 우리가 생각하는 남녀 간의 사랑이 아니었을 것 같아요. 그렇죠?"

"유진이가 점점 더 성숙하게 사고를 하는구나. 그래, 네 생각이 맞다. 사랑이라는 말은 시대와 환경에 따라 그 의미가 변천해 왔단다. 니체◆ 같은 철학자는 아주 독특한 입장에서 사랑의 개념이 변했음을 증명했단다."

"'신은 죽었다'라고 말했고, 『차라투스트라는 이렇게 말했다』를 쓴 철학자 니체 말씀이시죠? 선생님, 니체는 무신론자죠? 니체는 사랑의 변천을 어떻게 설명했어요?"

"니체는 기독교적 사랑, 다시 말해서 이웃 사랑인 카리타스를 계보학적으로 연구하면서 이웃 사랑이 가면을 뒤집어 쓴 허구적인 도덕이라고 맹렬하게 비판했단다."

"기독교에서는 '원수를 사랑하라'라고 말할 정도로 이웃 사랑을 강조하잖아요? 그런데 왜 이웃 사랑이 거짓 도덕이라는 거예요?"

니체(1844~1900)
독일의 시인·철학자, 쇼펜하우어 철학을 계승하는 생철학의 기수이며, 실존주의의 선구자로 불린다.

“니체는 『도덕의 계보학』이라는 책에서 이웃 사랑의 정체를 폭로했단다. 니체의 설명을 한번 들어 볼래? 태곳적에는 강자가 약자를 지배했단다. 그러나 시간이 흐르면서 약자들도 점차 강해졌고, 강자는 더 이상 제 마음대로 약자를 지배할 수 없게 됐어. 그러자 종전의 강자는 약자를 지배할 수 있는 가장 강한 수단으로 전지전능한 신 개념을 날조했다는 거야. 전지전능한 신 개념을 가진 강자들에게 약자들은 고개를 숙이고 복종했어. 강자들(기독교 사제들)은 사랑, 구원, 속죄 등의 기독교 도덕 개념을 만들어서 약자들을 계속 억압했단다. 그러나 역사의 내면을 들여다보면, 초기 기독교 사제들은 로마인들한테서 박해를 받아 로마인들을 죽이고 싶은 원한에 사로잡혀 있었단다. 그런데 현실적으로 로마인들에게 복수할 능력이 없었지. 사제들은 마음 깊은 곳에서는 로마인들에 대한 복수심과 원한에 불타면서 그런 감정을 전환해 표면상으로는 ‘원수를 사랑하라’라고 외쳤다는 거야. 그러니까 니체의 말에 따르면 기독교의 이웃 사랑은 원래 복수심과 원한이라는 거지. 겉으로만 사랑이고 속으로는 복수심과 원한이라면, 그와 같은 사랑은 허구적인 사랑이라는 뜻으로 그런 말을 한 거란다.”

“하긴, 남녀 간의 사랑만 해도 첫사랑, 짝사랑, 풋사랑, 격정적인 사랑, 아름다운 사랑, 영원한 사랑, 플라토닉 러브 등 상황에 따라 여러 가지가 있으니까 당연히 시대에 따라 사랑은 다양하게 변했을 것 같아요.”

“선생님 생각에는 고대인들에게 있어서 사랑이란 우주 만물을 생기게 하는 힘이고, 반대로 미움은 만물을 소멸하게 하는 힘이었을 것 같구나. 예컨대 고대 그리스의 철학자 엠페도클레스◆는 물, 불, 흙, 공기의 4원소가 결합해서 만물이 생긴다고 보았고, 4원소들이 각각 분리되면 만물은 소멸한다고 보았단다."

"선생님, 그러면 엠페도클레스에게 있어서 사랑은 어떤 역할을 하는 걸까요?"

"그는 4원소들을 결합시키는 힘을 사랑(에로스)이라고 했단다. 그리고 그것들을 분리시키는 힘을 미움 내지 투쟁(네이코스)이라고 했지. 그러니까 동서양의 고대인들은 사랑을 우주론적 또는 형이상학적 힘으로 본 거야."

"그럼 남녀 간의 사랑은 언제쯤 지금과 같은 개념으로 되었을까요?"

"소크라테스 때만 해도 사랑은 중년 남자와 16세 전후의 미소년과의 동성애였단다. 남녀가 결혼하는 것은 가정을 이루고 출산하기 위해서일 뿐이었지. 13세기의 토마스 아퀴나스만 해도 남녀의 성관계는 출산을 목적으로 해야 하고, 성적 쾌감을 목적으로 남녀가 성관계 하는 것은 죄악이라고 했단다. 사랑 개념이 오늘날처럼 남녀 간의 사랑, 우정, 형제애, 모성애, 조국애, 인류애, 자연 사랑, 예술 사랑, 종교적 사랑 등 다양한 형태를 띠게 된 것은 아마도 중세 말이나 근대 초라고 봐야 할 것 같구나."

엠페도클레스
(BC 490?~BC 430?)
우주의 만물은 흙, 물, 공기, 불의 네 원소로 이루어지며 이것이 사랑과 미움의 힘으로 결합하고 분리하여 여러 가지 사물이 태어나고 멸망한다고 주장한 고대 그리스의 철학자

다양한 모습의 사랑의 뿌리들은 물론 태곳적부터 존재했을 것이다. 그러나 인간의 삶이 사회화되고 문화화되면서 사랑은 현실적으

로 매우 복잡한 인간관계 내지 인간의 태도를 반영하는 정서가 되었을 것이다. 중국 고전에 '정성을 기울이면 이뤄진다'는 말이 있다. 인류의 사랑의 발자취를 더듬어 보면 사랑은 길고 긴 역사 과정을 통해 성숙해 왔음을 잘 알 수 있다.

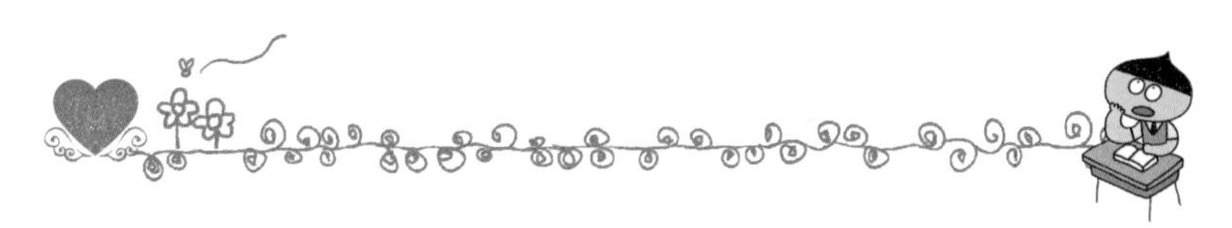

고대 그리스인들이 생각한 사랑의 개념

고대 그리스에서 사랑이라는 개념이 확실한 의미를 갖게 된 것은 플라톤에 와서다. 플라톤 이전의 사랑 개념은 다분히 신화적 성격이 있었으며 우주적 의미였다.

헤시오도스◆는 『신통기』◆에서 신들의 계통, 곧 계보를 체계적으로 다루었다. 『신통기』에서 헤시오도스는 에로스(사랑) 신, 카오스(혼돈) 신 그리고 가이아(지구) 신을 가장 중요한 신으로 꼽았다. 에로스는 만물의 탄생과 신들의 출생에는 관여하지 못한다. 그러나 신과 인간의 사족을 못 쓰게 하거나

헤시오도스
기원전 8세기 무렵 고대 그리스 시인으로, 민중의 일상생활과 농업 노동의 존귀함을 노래했으며 영웅 서사시에 뛰어났다.

『신통기』
헤시오도스가 천지창조에서 신들의 탄생 및 계보, 인간의 탄생에 이르는 과정을 계통적으로 서술한 1,022행의 서사시

그들의 이성 능력을 억압할 힘을 가지고 있었다. 또한 에로스는 로고스(이성)에 대립하는 힘이었다.

에로스는 고대 그리스의 자연 철학자 엠페도클레스에 와서 한층 더 구체화되었다. 그리스 철학을 시대적으로 구분하면 자연 철학 시대, 인성론 시대, 체계의 시대, 윤리 종교의 시대로 나뉘는데, 이것은 각각 아이, 청소년, 성인, 노인의 시대에 해당하는 것처럼 보인다. 자연 철학 시대의 철학자들은 외부 자연 사물의 구성 요소와 힘에 주의를 기울였다. 궤변철학자들과 소크라테스가 활동한 인성론 시대에는 인간의 본성이 무엇인지 주로 탐구했다.

플라톤과 아리스토텔레스의 시대에는 외적 자연과 내적 인간의 본성을 종합해 체계적으로 탐구했다. 윤리 종교 시대의 관심은 인간을 초월하는 최상의 가치를 도덕과 신앙에서 구했다.

고대 그리스 초기의 자연 철학자들은 자연의 구성 요소를 물이나 불로 보았다. 그런데 엠페도클레스는 자연의 구성 요소를 물, 불, 공기, 흙이라고 했을 뿐만 아니라, 이 요소들을 결합하는 힘과 이 요소들을 분리시키는 힘까지 생각해 냈다. 엠페도클레스는 자연의 구성 요소 탐구와 함께 자연 사물의 생성 변화를 가능하게 하는 힘이나 원리도 함께 탐구한 것이다. 그래서 자연의 구성 요소들인 물, 불, 공기, 흙을 결합시키는 힘을 에로스라고 했고, 그것들을 분리시키는 힘을 네이코스라고 했다.

헤라클레이토스
(BC 540?~BC 480?)
고대 그리스의 철학자로, 탈레스의 학설에 반대하여 만물의 근원은 영원히 사는 불이며 모든 것은 영원히 생멸하며 변화하는 것이라고 주장했다. 저서에 『정치학』, 『만물에 대하여』 등이 있다.

물론 헤라클레이토스◆도 자연 사물의 생성 변화

를 언급했다. 그는 "한 번 들어간 똑같은 물에 두 번 다시 들어갈 수 없다", "전쟁은 만물의 아버지다", "만물은 유전한다"와 같은 말들을 함으로써 자연 세계가 끊임없이 생성·소멸한다고 보았다. 헤라클레이토스는 우주 만물의 근원 물질을 불로 보았다. 불은 공기가 되었다가 수증기가 되고 다시 물이 되고 얼음이 되며 흙으로 되고……. 이렇게 만물은 무한히 변하는 것이다. 자연 만물이 이렇게 변하는 근거는 불이며, 불은 만물유전(萬物流轉)◆의 원리인 로고스라는 것이 헤라클레이토스의 생각이었다.

> **만물유전**
> 헤라클레이토스 사상의 기본으로, 만물은 유전하며 같은 상태로 존재하지 않는다는 뜻이다. 이 세상을 끊임없이 움직이며 고정적으로 존재하지 않는 불을 상징으로 삼았다.

그러나 물질적인 불이 만물을 생성·변화하게 하는 원인 로고스라는 것은 모순되는 발언이다. 따라서 엠페도클레스는 물, 불, 공기, 흙이라는 자연의 4구성 요소를 제시하고, 이 요소들을 결합시키는 원리(힘)와 분리시키는 원리를 사랑과 미움이라고 한층 더 체계적으로 설명했다.

고대 그리스에서 로고스라는 단어에는 세계 원리, 말, 법칙, 문장, 이성 등 다양한 의미가 있었다. 중세에 들어서면서 로고스는 전지전능한 신의 앎인 인텔렉투스(Intellectus)라는 뜻을 갖게 되었다. 신의 앎을 닮은 인간의 지성(인텔리겐치아)은 근대에 들어서면서 이성(라치오)이 되었고 합리적 앎의 능력을 뜻하게 되었다. 영어의 리즌(reason)이나 프랑스어의 레종(raison)의 근원은 모두 이성(ratio)이다. 이성은 완전한 앎의 능력이므로, 오늘날 현대인은 완전한 삶과 완전한 세계를 구축하려고 노력한다.

오늘날 우리의 문명은 끊임없이 완전성과 절대성을 추구한다. 서양 문명은 한마디로 말해서 완전한 이성과 절대적 신앙의 결합체다. 기독교 신앙은 절대적 신의 계시를 무조건적으로 받아들인다. 그리스적 로고스는 완전한 학문과 진리를 추구한다. 따라서 그리스의 로고스(이성)와 기독교의 피데스(신앙)는 삶의 모든 측면에 있어서 완전성과 절대성을 추구하는 것이다.

현대인은 사랑에 있어서도 암암리에 완전하고 절대적인 사랑이 있다고 전제하고, 그런 사랑을 한없이 좇아간다. 현대인이 찾는 아름다움 역시 완전하고 절대적인 아름다움이다. 그래서 많은 사람들이 앞뒤 보지 않고 다이어트를 하며, 비싼 돈을 들여 성형 수술을 한다. 남녀는 완전하고 절대적인 사랑을 위해 쉽사리 이혼한다. 이번에 이혼하면 다음에는 참으로 완전하고 절대적인 사랑을 하게 될 것이라고 생각하기 때문이다. 즉, 다음에 더없이 행복한 결혼 생활을 보장받을 수 있기를 막연히 바란다.

어떤 이는 로고스를 차가운 이성으로, 에로스를 뜨거운 정서로 여긴다. 그런가 하면 어떤 이는 로고스와 에로스를 각각 이론 이성과 실천 이성으로 본다. 플라톤의 에로스는 인간적인 남녀 간의 사랑인 동시에 이론적 진리에 대한 사랑이기도 하다. 남녀 간의 사랑에서 사랑은 궁핍을 충족시키려는 욕망의 정서다. 그러나 지식의 측면에서 보면 사랑은 학문적 진리를 추구하는 노력의 힘이다.

플라톤의 제자인 아리스토텔레스는 우애(필리아)를 사랑으로 보았다. 아리스토텔레스는 인간을 사회적(정치적) 동물로 보았으며, 필리아(우정의 덕)는 인간과 인간의 사랑이고, 중용◆에 있어서 가장 중요한 실천적 덕이라고 여겼다. 그러나 아리스토텔레스에 의하면 실천적 덕의 기본은 어디까지나 로고스적인 덕, 다시 말해서 이론적 덕이다. 이론적이고 이성적인 보편적 덕을 바탕으로 해야만 실천적 사랑이 의미 있기 때문이다. 삶과 사랑에 있어서 이론적인 것이 우선이냐, 아니면 실천적인 것이 우선이냐 하는 문제는 논의의 여지가 많은 주제다.

중용
아리스토텔레스의 도덕론의 중심 개념으로, 이성으로 욕망을 통제하고 과대와 과소가 아닌 올바른 중간을 정하는 것을 이른다.

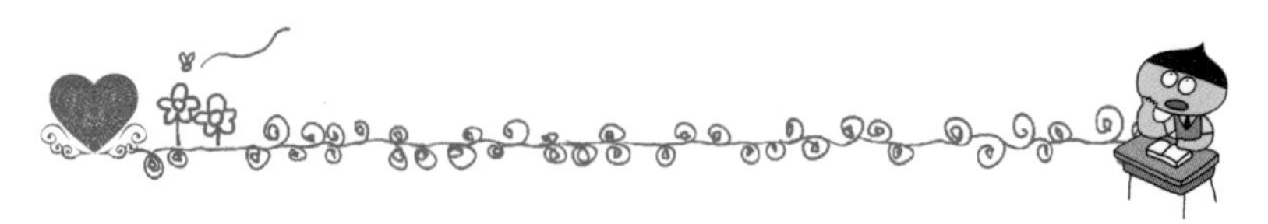

종교적인 사랑이 중요했던 중세 시대

사랑의 정서와 사랑에 대한 생각은 구분되지만 이 두 가지는 서로 분리될 수 없는 관계를 맺고 있다. 물론 맹목적인 사랑은 본능적이고 감정적이며 충동적인 측면이 강하다. 그렇지만 일단 자신의 사랑이 맹목적이고 자기중심적이라는 것을 깨닫기 시작할 때 성숙한 사랑으로 승화될 수 있다.

고대 그리스 시대, 사랑은 두 가지 관점에서 이야기될 수 있었다. 이때의 성적 사랑은 주로 동성애였으며, 특히 성인과 14~16세 미소년과의 애정으로 표현되었다. 또 하나는 플라톤이 말하는 에로스로서, 지혜 내지 진리에 대한 사랑이었다. 지혜에 대한 사랑은 오늘날 우리가 말하는 철학이다. 중세 기독교 시대의 사랑은 고대 그리스 시대의 사랑보다 한층 더 성숙한 사랑이라고 할 수 있다.

중세 기독교 시대의 사랑은 종교적 사랑에서 절정에 달했다. 「고린도전서」에 "믿음과 소망과 사랑 중에 사랑이 으뜸이다"라는 표현이 있다. 상식적으로 생각하면 신앙인에게는 믿음이 가장 으뜸이고 소망이 그다음이며 사랑이 변하기 쉬우니까 가장 아래에 자리하는 것으로 여겨지기 쉽다. 일반적으로 우리는 남녀 간의 성적 사랑을 에로스라고 부르고, 친구 간의 사랑을 필리아라고 하며, 종교적 사랑인 자애나 자비를 아가페라고 한다.

플라톤은 지식이나 지혜에 대한 사랑도 에로스라고 불렀다. 필리아는 플라톤의 제자 아리스토텔레스가 주제로 삼은 사랑으로, 이웃 사랑 또는 인류애의 의미를 가지며, 중세에 와서는 아가페의 여러 의미들 중 하나가 된다. 「고린도전서」에서 사도 바울이 으뜸이라고 한 사랑은 에로스가 아니고 아가페다. 믿음과 소망을 뛰어넘는 사랑은 남녀 간의 성적 사랑도 아니고 형제애나 우정도 아니고 종교적 사랑인 자애와 박애다. 종교적 사랑이란 신적 사랑이라고 할 수 있다.

기독교 『신약성서』의 사랑은 세 가지 차원에서 이해될 수 있다. 첫째 차원은 인간에 대한 신의 사랑인 아가페다. 둘째 차원은 신의 사랑에 대한 보답으로서 신에 대한 인간의 사랑이다. 셋째 차원은 신에 대한 인간의 사랑을 증명하는 사랑으로서 인간에 대한 인간의 사랑이다. 기독교의 사랑은 세 가지 차원을 가지고 있지만, 사랑의 원천은 어디까지나 전지전능한 초월자 신이다.

성 아우구스티누스◆는 플라톤의 영향을 받아 신학 이론을 세운 것으로 알려져 있으나, 실은 3세기의 플로티노스◆의 영향을 가장

성 아우구스티누스(354~430)
로마의 주교이자 성인으로, 기독교회의 고대 교부(敎父) 가운데 최고 사상가다. 교부 철학을 성립했으며, 고대 신플라톤주의 철학과 기독교를 결합하여 중세 사상계에 영향을 주었다. 저서에 『참회록』, 『삼위일체론』 등이 있다.

플로티노스(205?~270)
이집트 태생의 고대 로마 철학자로, 신플라톤학파의 대표자다. 중세 스콜라 철학과 헤겔 철학에 큰 영향을 끼쳤다.

많이 받았다. 플로티노스는 유출설(流出說)을 통해 사랑(아가페)을 설명한다.

태초에 우주 만물의 원천인 일자(一者)가 있고, 가장 완전하고 순수한 일자는 스스로 넘쳐나기 때문에 이 일자로부터 정신이 흘러나온다는 것이다. 정신으로부터 영혼이 흘러나오고 다시 영혼으로부터 질료(質料)가 흘러나온다. 이와 같은 플로티노스의 우주론을 유출설이라고 한다. 일자는 자기 자신으로부터 정신, 영혼, 질료 등이 흘러나오게 하는데, 그렇게 하는 힘은 일자 자신의 사랑이다. 아우구스티누스가 말하는 은총의 사랑, 구원의 사랑 등은 신의 인간에 대한 사랑이다.

아우구스티누스는 신의 인간 사랑에 초점을 맞춘 반면, 토마스 아퀴나스◆는 신에 대한 인간의 사랑에 초점을 맞추었다. 아퀴나스가 18세 되던 해, 귀족인 그의 아버지는 그가 프란체스코 수도원◆에서 공부하기를 원했다. 당시 귀족 집안의 자식들은 수도원에서 수년간 공부한 후 신부 또는 사회 지도자가 되는 것이 관례였다.

아퀴나스는 아버지의 뜻을 따르지 않고 자신이 원하는 도미니크 수도원◆에 들어가서 신부가 되기 위해 가출했다. 프란체스코 수도회는 종교적 실천을 중시한 데 비해, 도미니크 수도회는 신학 이론을 중요시하는 경향이 있었다. 아퀴나스의 흥미로운 일화를 살펴보자.

하루는 아퀴나스의 형들이 매력적인 창녀를 아퀴나스의 방에 밀어 넣고 문을 잠갔다. 형들은 창녀에게 돈을 많이 주고 아퀴나스와 성관계를 맺으라고 했다. 형들은 일단 아퀴나스가 타락하면 아버지의 뜻을 순순히 따르리라고 생각한 것이다. 그러나 아퀴나스는 창녀의 온갖 꾐에도 꿈쩍하지 않고 기도로 밤을 새웠다. 다음 날 아퀴나스는 형들에게 이끌려 집으로 오는 도중에 도주해서 결국 도미니크 수도원에 들어갔다.

아퀴나스의 일화는 중세 기독교 사랑의 대표적 예다. 신앙의 힘은 사랑이다. 계시의 힘 역시 사랑이다. 인간의 신앙이 신의 계시를 받아들임으로써 인간은 구원받을 수 있다. 아퀴나스의 사랑은 피조물에 대한 신의 사랑이다.

토마스 아퀴나스 (1225?~1274)
이탈리아의 신학자이자 철학자로, 스콜라 철학을 대표한다. 이성과 신앙의 조화를 추구하여 방대한 신학 이론의 체계를 수립했다.

프란체스코 수도원
청빈을 주창하는 탁발 수도회

도미니크 수도원
설교와 청빈한 삶을 통해 선교하기 위한 로마가톨릭 수도회

그러면 아퀴나스는 성적 사랑을 어떻게 보았을까? 아퀴나스는 일생 동안 독신으로 지내면서 한편으로는 이교도들을 반박하고, 그들을 기독교로 개종시키려고 했으며, 또 한편으로는 기독교의 신학 이론을 확립시키기 위해 교육과 저술 활동에 모든 힘을 기울였다. 아퀴나스는 결혼한 남녀가 자식을 낳기 위해 행하는 성관계를 제외한 모든 성행위를 죄악으로 보았다. 즉, 출산과 무관하게 성적 쾌락을 추구하는 성관계는 죄악이라는 것이었다.

육체와 아울러 육체관계를 죄악시하고 신앙에 의한 구원을 추구하는 중세 기독교의 사랑은 바로 아퀴나스가 말하는 사랑에서 잘 나타난다.

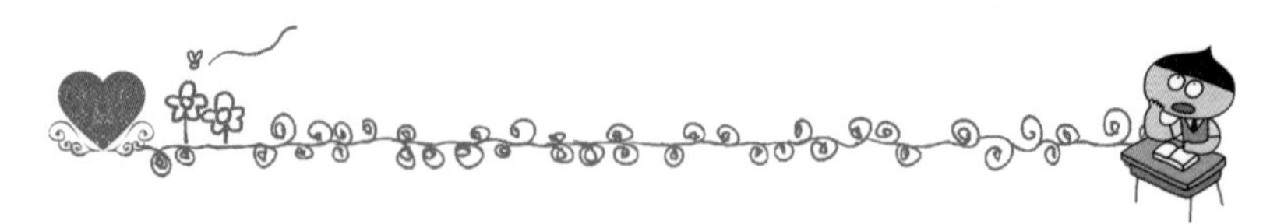

사랑의 원천이 우주론적 힘이라고?

고대 그리스의 철학자 엠페도클레스는 우주 만물의 구성 요소를 물, 불, 흙, 공기로 보았고, 이것들을 결합시켜서 사물들을 생기게 하는 힘을 사랑(에로스)이라고 했다. 또한 이 요소들을 분리시켜서 사물들을 소멸하게 하는 힘을 미움(네이코스)이라고 했다. 엠페도클레스처럼 동양이나 서양에 있어서 고대인들은 사랑을 우주론적인 힘으로 보았다.

노자(老子)◆의 『도덕경』 42장을 보면 "도(道)는 하나(一)를 낳고, 하나는 둘(二)을 낳으며, 둘은 셋(三)을 낳고, 셋은 만물을 낳는다. 만물은 음(陰)을 업고 양(陽)을 안으며 충기(沖氣)로 조화를 이룬다"라는 내용이 있다. 도는 우주 만물의 근본 원리며

노자
중국 춘추 시대의 사상가로, 도가(道家)의 창시자. 상식적인 인의와 도덕에 얽매이지 않고 만물의 근원인 도를 좇아서 살 것을 강조했다.

도가 하나를 낳는다는 것은 도가 스스로를 산출한다는 것이다. 도는 살아 있는 힘으로서 차가운 음기와 더운 양기를 낳는다. 음기와 양기는 상호 작용에 의해 우주 만물을 조화롭게 만들 수 있는 힘인 충기를 생기게 한다.

음기, 양기, 충기가 함께 작용해서 수(水), 화(火), 목(木), 금(金), 토(土)라는 오행(五行)이 생기고, 오행으로부터 우주 만물이 탄생한다. 오행은 오대(五大)라고도 한다. 고대 그리스의 4원소설이나 동양의 오대 사상은 모두 자연의 구성 요소에 대한 견해를 대변하는 것이다.

남녀 간의 성적 사랑을 비롯해서 형제애, 모성애, 인류애, 자연 사랑, 예술 사랑, 종교적 사랑 등의 원천은 음과 양 그리고 더 나아가서 우주 원리인 도까지 거슬러 올라간다. 사랑 자체는 에너지이므로 기독교적으로 보면 사랑의 원천은 신으로까지 거슬러 올라간다.

사랑의 발자취에 관한 진아와 어머니의 대화를 들어 보자.

"엄마, 짐승들의 사랑을 보면 본능적이잖아요? 무서운 악어도 새끼가 알에서 나오면 새끼를 한 마리씩 입으로 물어다가 물에 갖다 놓는 걸 보면 본능적 모성애가 지극하다는 것을 알 수 있어요. 새들을 봐도 새끼 사랑이 얼마나 극진한지 잘 알 수 있어요. 부모 새들이 쉴 틈 없이 새끼들에게 먹이를 날라다 주는 걸 보면 말이에요."

"진아 말대로 짐승들의 사랑은 본능적이란다. 짐승들의 거의 모든 행동은 본능의 틀에서 이뤄진다고 봐야 할 것 같구나. 그러나 인간은 원시 시대부터 본능 외의 지성, 정서 그리고 의지를 발달시켜 왔어."

"그렇다면 인류 역사 초기에는 인간의 사랑 역시 본능적인 것이 아니었을까요?"

"당연하지. 고고학자들에 따르면 까마득한 옛날 어느 순간부터 인류의 조상에게 엄청난 변화가 일어났다는구나. 즉, 신경 세포 수가 다른 짐승들과 비교할 수 없을 만큼 기하급수적으로 증가한 거야. 그래서 인간의 지능이 발달하게 되었고, 손을 사용해 불을 피울 수 있게 되었단다. 원시인들은 점차 씨족 사회와 부족 사회라는 집단을 형성해서 문명 생활의 첫발을 내딛기 시작했어. 인간의 사회화와 문화화가 빠른 속도로 이뤄졌고 사랑 역시 사회와 문화의 영향을 벗어날 수 없는 인간들의 중요한 태도로 여겨지게 된 거란다."

"엄마, 고대의 동서양 사상가들은 사랑을 우주론적 힘으로 보았다면서요? 그럼 남녀 간의 사랑은 뭐였을까요?"

"그리스 말의 에로스는 사랑을 뜻하는데 이 말은 물, 불, 흙, 공기라는 요소들을 결합시켜서 자연 사물을 생기게 하는 힘을 말하는 것이었단다. 그러니까 에로스는 원래 우주론적 힘이었지. 진아야, 어린아이들을 잘 살펴보면 어린아이들은 자기 자신이 누구이고 자신의 인간 됨됨이가 어떤지에 대해서는 관심이 없단다. 어린아이들은 외적 사물, 곧 외적 자연에만 관심이 있지. 마찬가지로 고대 그리스의 초기 자연 철학자들 역시 자연에 관심을 가지고 외적 자연의 구성 요소들과 그 요소들을 결합시키거나 분리시키는 힘에 주로 관심을 가졌어."

"그러면 인간의 관심과 사랑 개념은 시대의 흐름과 밀접한 관계가

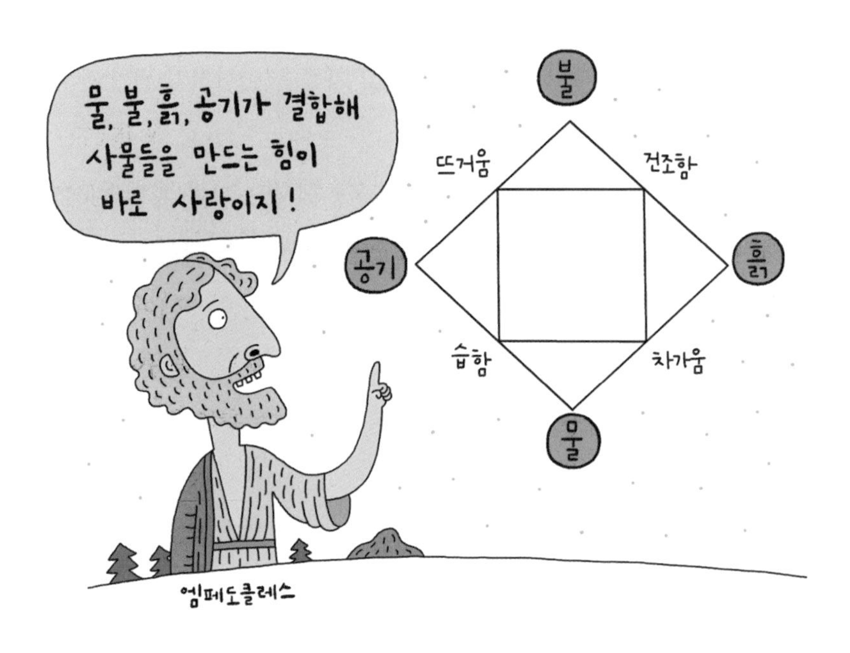

있다고 봐도 될까요?"

"아무렴. 인간의 문화와 문명은 역사와 더불어 변하고 발달했다고 할 수 있단다. 인간의 사랑은 본능적인 측면도 여전히 있긴 하지만, 한편으로는 사회화하고 문화화되었지. 그러니까 분명 고대인들이 생각하던 사랑과 오늘날 우리가 생각하는 사랑에는 커다란 차이가 있을 거야."

"엄마, 고대 그리스의 소크라테스 당시만 해도 성적 사랑인 에로스는 성인 남자와 미소년 간의 섹스였다는데, 그게 정말이에요?"

"진아야, 엄마도 책에서 봤단다. 정말로 고대 그리스인들이 생각하던 에로스는 성인 남성과 미소년 간의 동성애였다는구나. 그 당시 남녀 간의 결혼과 섹스는 가족을 형성하고 자손을 출산하기 위한 행위였지, 에로스는 아니었다고 해."

"플라톤은 남녀 간의 사랑을 에로스라고 했지만, 다른 한편으로는 지혜나 지식에 대한 사랑도 에로스라고 했다는데, 저는 그게 무슨 말인지 모르겠어요."

"그렇기도 하겠구나. 시대와 역사에 따라 사랑에 관한 견해도 바뀐다는 것은 이해되지? 중세 기독교 시대에는 종교적 사랑이 사랑의 절정이었단다. 남녀 간 사랑이나 자연 사랑, 예술 사랑 등 다양한 사랑의 의미들이 본격적으로 등장하는 것은 근대 이후라고 할 수 있지."

"엄마, 사랑 개념이 역사와 함께 변해 왔다는 것은 잘 알겠어요. 그래도 나는 사랑이란 어디까지나 인간의 인간에 대한 배려, 관심, 이해, 헌신의 자세를 기본으로 하는 다양한 인간적 태도라고 봐요."

생각해 볼 문제

❶ 사랑은 왜 교육과 훈련이 필요한가? 자기중심적 사랑의 예를 들고 그런 사랑은 왜 성숙하지 못한 사랑인지 이야기해 보자.

❷ 정신분석학자 프로이트에 의하면 남녀 간의 사랑은 성 충동의 표현이다. 프로이트가 말한 욕구 충족적 사랑의 문제점에 대해 토론해 보자. 욕구 충족적 사랑의 극단은 성범죄로 변질될 수도 있는데 그 이유는 무엇일까?

❸ 어려서부터 성인이 되기까지 한 인간에게 있어서 사랑의 정서는 변한다. 역사적으로도 사랑 개념은 많은 변화를 겪었다. 사랑 개념의 변천을 간단히 설명해 보자.

❹ 삶과 사랑에 있어서 이론적인 것이 우선인가 아니면 실천적인 것이 우선인가? 로고스와 에로스의 의미를 이야기해 보자.

❺ 아우구스티누스와 아퀴나스의 종교적 사랑에 대해 설명해 보자. 아퀴나스는 남녀의 결혼과 성관계의 쾌락을 어떻게 보았는가?

❻ 본능적인 사랑과 본능을 극복하는 사랑에 대해 이야기해 보자. 인간의 사랑을 사회적이고 문화적이며 역사적이라고 하는 근거를 제시해 보자.

5장

성과 사랑의 연관 관계

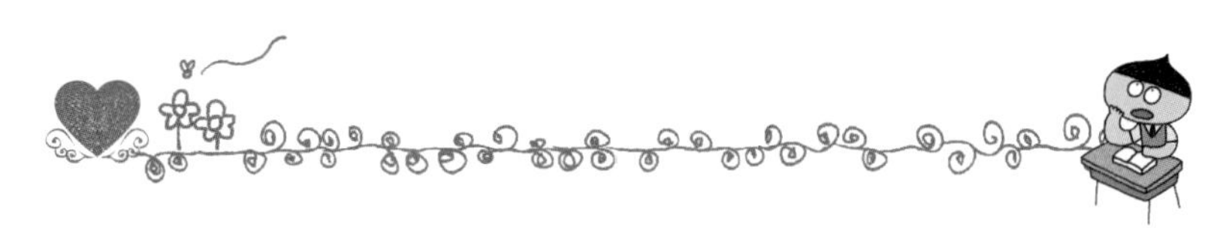

생식기는 어떻게 발달할까

사랑이 무엇이고 어떻게 사랑하는지를 물으면 사람들은 대부분 남녀 간의 사랑, 곧 성적인 사랑을 먼저 떠올린다. 특히 성 충동이 강한 시기의 청소년들은 이성과 포옹하거나 키스 또는 성행위를 하는 상상에 사로잡혀 밤잠을 설치면서 사랑의 열병을 앓기 쉽다. 전 생애를 거쳐 남녀 간의 성적 사랑에 가장 몰입하는 시절이 청소년기라 할 수 있다.

물론 청소년들도 사랑에는 여러 종류가 있다는 것은 알고 있다. 하지만 청소년들은 남녀 간의 성적 사랑 이외의 다른 사랑들은 쉽사리 잊곤 한다. 청소년들이 생각하는 성적 사랑은 주로 성행위와 쾌락에 초점이 맞춰져 있다. 그래서 어떤 청소년들은 쾌락을 가져다주는 성행위를 사랑이라고 생각한다. 그러나 건전한 남녀 간의 성적 사랑에 대해 알려면 생식기의 발달, 성욕의 정체, 정상적 성 행동, 임신과 출산, 결혼 등에 관한 지식이 반드시 필요하다.

생식기의 발달에 대한 유진이와 어머니의 대화를 들어 보자.

"엄마, 남녀의 성 기관을 생식기라고 해도 되는 거죠?"

"학교에서 성교육도 받았다는 애가 새삼스레……. 성 기관이 생식기관이니까 두 가지는 같은 말이잖아."

"물론 학교에서 성 기관의 발달에 대해서 듣기는 들었는데 맨날 까먹더라고요. 이참에 간단히 좀 설명해 주세요."

"워낙 복잡한 문제라서 간단히 요약하기가 쉬울지 모르겠다. 엄마의 자궁 속에서 수정난이 생기는데, 이때 배아는 태생기 초기 배아라고 해. 이 배아는 성선(性腺)◆으로 남녀 구분이 안 되고 남녀 생식기를 다 지닌 양성(兩性) 형태로 나타난단다."

"태생기 초기 배아는 남녀 생식기를 다 갖추고 있어서 남녀 구분이 안 된다는 거예요?"

"그래. 성선과 생식기는 일정한 시기가 지나면 남성형이나 여성형으로 발달하게 되면서 반대 성의 생식기들은 퇴화해서 없어지는 거란다."

"난 그게 참 신기하더라고요. 하등동물이나 고등동물이나 태생기 초기 때는 남녀 성을 다 갖추고 있다가 어느 시기에 접어들면서 수컷이나 암컷으로 분화해 발달한다니 말이에요. 여성이나 남성이 되는 것도 다 운명의 장난 같다니까요."

성선
생식선 혹은 생식샘. 남자는 정소, 여자는 난소를 말하는데, 척추동물은 이곳에서 성호르몬을 분비한다.

“운명의 장난까지는 아닌 것 같은데? Y 성염색체에 있는 고환 결정 인자와 배아의 성선에서 형성되는 조절 인자 그리고 배아의 성호르몬 환경 등에 의해서 태아의 성선과 생식기가 분화하고 발달되는 것으로 알려졌단다.”

“엄마, 태생기를 태아기라고 해도 되죠?”

“그래. 일단 정자와 난자가 만나서 수정란이 되면 그때부터 태생기니까, 태생기와 태아기는 같은 말이라고 할 수 있어. 태생기 5주에 원시 성선이 나타나는데 이것은 남녀 구분이 없단다. 그런데 Y 염색체를 가진 배아에서 원시 성선은 태생기 6~7주에 고환으로 분화하기 시작해.”

“아, 알겠다. 엄마 배 속에서 배아를 남성 아니면 여성으로 만드는 핵심 요소는 고환이나 난소군요.”

“그래. Y염색체가 없는 배아에서 원시 성선은 태생기 7~8주에 이르러 난소로 분화되기 시작하지. 아까 말한 것처럼 태생기 초기 배아에는 남성 생식관과 여성 생식관이 좌우에 한 쌍씩 있어. 그런데 남성 배아의 고환은 자궁의 발생을 억제하는 물질을 분비해. 태생기 60일쯤 되면 테스토스테론이라는 남성 호르몬이 남성 생식관을 부고환, 정관, 정낭, 사정관 등으로 분화시킨단다. 그리고 요도, 전립선 등도 분화되지.”

“남성의 경우는 그렇고, 그럼 여성은 어떻게 결정되는 거예요?”

“응. 태생기에 Y 성염색체가 없는 배아는 테스토스테론을 만들지 못하기 때문에 원시 성선이 여성으로 분화되는 거야. 여성 배아에서 남성 생식관은 점차로 퇴화되어 없어지지. 여성 생식관은 점차로 자궁, 나팔관, 질의 상부 등으로 분화되고 태생기 3개월쯤 되면 요도, 전정, 대전정선 등의 기관도 완성되지."

"그럼 유소년기에는 생식기 발달이 어떻게 이뤄져요?"

태반
임신 중 태아와 모체의 자궁을 연결하는 기관. 태아에게 영양분을 공급하고 배설물을 내보내는 기능을 한다.

"갓난아이 때는 태반◆에서 분비되는 여성 호르몬 에스트로겐 때문에 유방이 좀 커져 보이고 여자아이는 음핵이나 음순이 커지며 출혈이 있을 수도 있어. 그러나 출생 후 2주 이내에 그런 현상은 다 없어진단다. 출생 후 7세까지 유소년들에게 있어서는 신체가 성장함에 따라 생식기도 성장만 할 뿐이고 특별한 변화는 없어. 말 그대로 잠복기인 거지."

"엄마, 그럼 남녀의 생식기는 사춘기가 되어야 발달이 완성되는 거예요?"

"그렇지. 유소년기 이후 사춘기에 이르기까지 생식기가 급속하게 발달하고 완전한 형태를 갖춘단다. 남성의 고환은 정자를 자라게 하고 테스토스테론이라는 남성 호르몬을 만들기 시작하지. 여성에게 있어서는 난소의 에스트로겐과 부신의 남성 호르몬 안드로겐이 만들어지면서 치골구와 대음순에 지방 조직이 발달해. 성기 주변에 음모가 성장하고 질의 길이가 길어지며 점막이 두꺼워지고 주름이 잡히면서 분비물이 많아진단다."

성인의 생식기는 사춘기에 완성된다고 볼 수 있다. 일반적으로 성인 남녀는 사랑으로 맺어져 결혼하고 성관계에 의해 임신하고 출산한다. 그러다 노년기에 접어들면 생식기도 퇴화하기 시작한다. 남자의 경우 30세부터 전립선이 커지기 시작하고 50세 이후에는 비대해져서 성기능이 약화되는 경우가 많다. 여성의 경우 폐경 이후 자궁내막이 얇아지고 쉽게 세균에 감염되며 분비물도 적어진다. 남성의 경우와 마찬가지로 생식기의 기능도 약화된다.

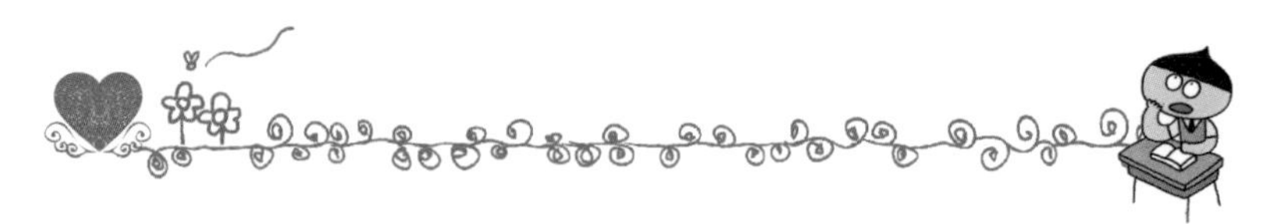

성욕을 생각하는 것은 나쁘다고?

도대체 성욕이란 무엇일까? 성욕이란 말 그대로 성적 욕망이다. 프로이트와 같은 정신분석학자는 근본적인 성욕을 일컬어 성충동이라고 했으며, 동시에 원초아(리비도)라고도 했다. 인간 이외의 동물들의 성욕은 자연적이며 본능적이다. 그러나 인간은 문화적이고 역사적인 존재이기 때문에 인간의 성욕은 본능적이거나 자연적이지만은 않다. 인간의 성욕은 자연적이고 본능적인 동시에 사회적이고 문화적이다. 우리 인간은 동물들과 달리 성에 관해 학습하고 훈련하지 않으면 안 되기 때문이다.

성욕에 대한 진아와 어머니의 대화를 살펴보자.

"엄마, 서양 중세의 토마스 아퀴나스는 오직 생식을 위해서만 성욕을 충족시켜야 한다면서, 쾌감을 위해 성욕을 충족시키는 것은 죄악이라고 했대요. 그러면 성욕은 생식을 위한 충동이라는 거예요?"

"우리 진아가 간단한 것 같지만 아주 복잡한 주제를 꺼냈구나. 성욕은 한마디로 종합적인 생리 현상이란다. 그러니 수학 공식처럼 성욕이란 이런 것이다, 하고 명확하게 정의 내리는 것은 쉽지 않아. 성욕은 생식 충동과 쾌감 충동이 섞여 있는 복합적 충동이야. 배고픔과 목마름, 곧 식욕과 갈증욕은 개체 보존을 위한 본능적 욕망이라면, 성욕은 개체를 넘어 종족을 보존하기 위한 생식 본능이지. 그러면서도 인간은 성행위를 통해 쾌감을 느낀단다. 직접적으로 생식기에 의한 성관계를 통해서는 물론이고 남녀가 서로 바라보기만 해도 간접적으로 쾌감을 느낄 수도 있어. 따라서 성욕은 쾌감을 위한 충동이기도 하단다."

"엄마, 내 또래의 청소년들은 대부분 남녀가 바라보고 껴안고 애무하다가 성행위를 하는 것을 성적 사랑으로 생각하고 그런 사랑을 통해 무한한 쾌감을 느낄 수 있다고 믿어요. 사실은 나도 그렇게 생각해요."

"진아야, 그렇게 단순하게만은 말할 수 없단다. 성욕의 종합적인 측면을 잘 알아야 하고 또 바람직한 성적 사랑이 어떤 것인지 생각해 봐야 해. 그렇지 않으면 쾌감 위주의 성적 사랑만 추구하게 되고 그러다가는 가치 있는 사랑마저 놓쳐 버리기 쉬우니까 말이야."

"엄마, 성욕도 발생하는 메커니즘◆이 있다는데 정말 그래요?"

"그렇지. 유소년기의 성욕은 사춘기 이후의 성욕과 달라. 그리고

사춘기 이후의 성욕은 또 갱년기 이후의 성욕과도 다르단다. 우리가 일반적으로 성욕이라고 하는 것은 사춘기 이후의 성욕, 곧 성인의 성욕을 말하는 거야. 참, 진아야, 지난번에 엄마하고 프로이트의 성 이론에 관해 이야기한 것 기억나니?"

"기억이 가물가물한데. 아, 맞다! 신생아들의 성욕은 입을 통해 충족된다고 했죠?"

"그리고?"

"조금씩 기억이 나요. 두 살짜리 아이들은 항문을 통해 성욕을 충족시키고 서너 살의 아이들은 생식기를 만지면서 성욕을 충족시킨다고 했어요. 그런데 엄마, 프로이트의 말이 전적으로 맞는 걸까요?"

"일리가 있는 건 사실이야. 유아들은 미각, 촉각, 후각, 청각, 시각 등 오감(五感)을 통해 성욕을 충족시키거든. 유아들의 성욕은 어떻게 보면 기본적인 성욕이라고 할 수 있어. 사춘기 이후가 되면 인간은 마음과 아울러 생식기로 성욕을 충족시킨단다."

"그러니까 아기들도 성욕은 있지만 성기로 직접 성관계를 하지는 못하기 때문에 빨고 만지고 보는 것 등을 통해 성욕을 만족시킨다는 거죠? 그런데 엄마, 초경◆이나 사정◆과 성욕은 어떤 관계가 있는 거예요?"

"사춘기에 접어들면 남자는 사정을 경험하고 여자는 초경을 겪게 되잖니. 그러면서 자연적으로 남녀는 이성과 접촉하기를 강렬하게 원하게 되는 거야. 남자나 여자나 자위행위◆를 하는 것은 다 자연적인 과정이란다. 말하자면 성관계를 가짐으로써 자손을 번식하고 동시에 성적 쾌감을 얻는다는 거지."

"그럼 엄마, 갱년기 이후의 성욕은 어떻게 되죠?"

"일반적으로 50세 전후가 갱년기야. 이때가 되면 남녀 모두 생식기

메커니즘
사물의 작용 원리나 구조로, 행위를 이뤄 내는 의식적, 무의식적 심리 과정을 가리킨다. 환경에 적응하고 자아를 방어하며 욕구를 만족시키고 혼란을 해결하는데, 정신분석학에서는 무의식적 방어 수단을 뜻한다.

초경
여자가 성숙기에 이르면 월경을 하게 되는데, 이 월경이 처음 시작되는 것을 말한다.

사정
남성의 생식기에서 정액을 반사적으로 내보내는 것으로, 생식기에 가해지는 자극에 의해 흥분하면 일어난다.

자위행위
스스로 성기를 자극함으로써 성적인 쾌감을 느끼는 행위

가 퇴화하기 시작해. 여자는 폐경기를 맞게 되고 남자는 전립선이 커진단다. 그래도 성행위는 가능하고 인간의 성욕은 정신적인 측면이 강해서 갱년기에도 여전히 성욕이 생긴단다. 그러나 60세 이상이 되면 신체가 급격히 노화해서 성욕도 어느 정도 감퇴하지."

성호르몬
동물의 생식샘에서 분비하는 호르몬으로, 정소에서는 남성 호르몬이, 난소에서는 여성 호르몬이 분비된다. 생식 기관의 발육, 기능 유지, 제2차 성징, 발정 등에 관여한다.

"엄마, 그러니까 성욕이란 성호르몬◆, 외부의 자극, 중추신경계 등이 서로 복잡하게 얽혀서 일어나는 생리 현상이라는 거죠? 뇌하수체, 고환, 난소 그리고 부신피질에서 성호르몬이 분비된다고 알고 있어요. 남성 호르몬인 안드로겐, 테스토스테론에 의해 남자는 성욕을 느끼고 발기하며 사랑을 하게 되는 거죠. 여성은 여성 호르몬인 에스트로겐과 프로에스테론에 의해서 성욕을 느끼며 성적 자극 흥분을 느끼고 오르가슴(절정의 성적 쾌감)을 경험하게 되고요."

"진아가 말한 것은 생물학적 측면에서 본 성욕의 메커니즘이야. 인간 존재는 사회적이자 문화적인 존재야. 그러니까 성적 사랑을 오직 생물학적 차원에서만 설명하는 것이 인간의 사랑을 온전히 본 것이라고 말하기 힘들구나."

"엄마 말이 무슨 뜻인지 알 것 같아요. 인간의 성욕은 성인의 경우 결국 성관계를 통해서 충족되는 거예요. 이 경우 남녀는 상대방을 수단으로 여기지 않고 자신과 똑같은 인격체로 대해야 건전한 성관계와 아울러 성적 사랑이 성립한다는 거죠?"

"철학자 칸트는 타인을 수단으로 대하지 말고 나와 같은 목적으로 대하라고 말했단다. 그러고 보면 성욕과 성욕의 충족, 자손의 번식과 성적 쾌감 등은 서로 얽혀 있는 복잡한 문제임이 분명하지."

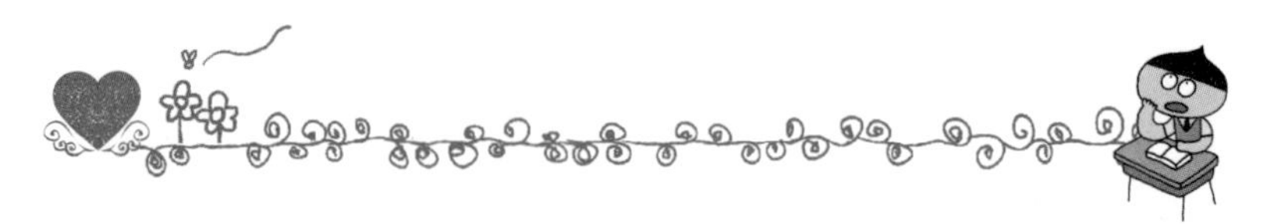

건강하고 건전한 성 행동이란

우리는 보통 성 행동을 정상 성 행동과 이상 성 행동으로 구분한다. 애정 또는 성욕을 표현하기 위한 신체적 행동이 바로 성 행동이다. 자위행위, 키스, 껴안기, 성기의 접촉 등은 대표적인 성 행동들로서 인간은 이러한 성 행동에서 자극을 통해 쾌락을 얻으려고 한다. 성 행동은 생식 과정과는 직접적으로 관계가 없지만, 만일 성 행동이 전희◆ 과정의 역할을 해서 성교로서 이어진다면 그것은 생식 과정으로까지 나아갈 수 있다.

전희
바라보기, 노출, 키스, 애무 그리고 성감대를 자극하고 성적 긴장감을 고조시키는 행동 등 성교에 앞서 행해지는 성적 자극에 대한 감정적 반응

성 행동의 발달은 사춘기 이전의 성 행동, 사춘기 이후의 성 행동, 갱년기의 성 행동 등으로 나눌 수 있다. 사춘기 이전의 성 행동 발달은 다시금 유아기(0~2세), 유소년기(3~8세), 사춘기 이전(9~12세)

등으로 세분화할 수 있다. 아기를 목욕시키거나 기저귀를 갈아 줄 때 성기를 자극하면 아기는 흥분해서 쾌감을 느끼는데, 이런 현상은 자연적 반응이고 성인의 성 행동과는 다르다.

유소년기의 아이들은 성기의 구조에 관심을 가지고 다른 아이의 성기는 어떻게 생겼는지 강한 호기심을 보인다. 이 시기의 아이들은 주로 동성의 성기에 관심을 보이며 세밀히 관찰하거나 상대방의 성기를 만져 보기도 한다. 사춘기 이전의 아이들은 강한 성적 충동을 느낀다. 이 시기의 아이들은 자위행위를 하거나 상대방의 성기를 만지지만, 동성 간에는 더 이상 성적 탐구가 흥미로운 것이 되지 못하므로 성적 대상은 이성이 된다. 이 시기에는 이성 간의 성 행동이 아직 성교까지 나아가지 못하고 서로 성기를 보여 주고 비비는 정도의 성 놀이의 형태가 된다. 이러한 성 놀이는 사춘기 이후의 성 행동을 위한 준비 단계에 해당한다.

사춘기의 청소년들은 폭발할 듯한 성 충동을 지닌 세대다. 청소년들은 이성 간의 감정을 최대한으로 표현하기 위해, 그리고 성에 대한 관심과 아울러 성적 쾌락을 체험하기 위해 성 행동을 하기도 한다.

갱년기의 성 행동은 신체의 급격한 노화에도 불구하고 의외로 활발하다. 50세가 지나면 여자는 폐경기를 맞게 되고 남자는 전립선이 커지기 시작한다. 60세가 지나면 남녀 모두 신체적으로 급속히 노화를 겪는다. 갱년기 이후 남녀의 성교 횟수는 나이를 먹어 가면서 줄어들지만, 노인들도 활발한 성 행동을 하기도 한다.

그러면 이상 성 행동과 정상 성 행동은 무엇을 말하는 것인지 알

성 도착증
성욕을 채우는 방법이나 성행위의 대상이 비정상적인 상태

동물기호증
수간이라고도 한다. 짐승을 상대로 하는 성행위 혹은 성욕이다.

가학증
성적 대상에게 육체적, 정신적 고통을 줌으로써 성적 만족을 얻는 이상 성욕이며, 사디즘이라고도 한다.

피학증
이성으로부터 정신적, 육체적 학대를 받는 데서 성적 쾌감을 느끼는 이상 성욕이며, 마조히즘이라고도 한다.

아 보자. 우선 이상 성 행동이 어떤 것인지를 알면 정상적인 성 행동이 어떤 것인지 자연적으로 알 수 있을 것이다. 이상 성 행동은 한마디로 성 도착증◆이다. 오로지 강한 성적 흥분과 충동을 만족시키기 위해 일반인들이 생각하기 힘든 성적 대상과 방법을 택하여 비정상적으로 하는 행동이 바로 이상 성 행동이다.

이상 성 행동은 보통 다음과 같은 세 가지 특징을 보인다. 우선 비정상적인 성 행동은 성적 흥분을 위해 인간이 아닌 다른 대상을 택한다. 예컨대 동물을 성적 대상으로 삼는 동물기호증◆과 같은 것이 있다. 다음으로 성 행동에서 고통을 반복해서 주고받음으로써 성적 쾌감을 얻는 성 행동이 있다. 마지막으로 성행위에 동의하지 않는 대상과 강제적으로 반복해서 성 행동을 하는 것 역시 이상 성 행동에 해당한다.

성적 가학증◆이나 성적 피학증◆은 성행위에 있어서 서로 고통을 주고받음으로써 이상적 쾌감을 얻는 경우를 말하며, 복장도착증도 이상 성 행동의 일종이다. 노출증과 관음증◆ 역시 이상 성 행동에 속하며 소아기호증도 이상 성 행동이다.

지금까지 예로 든 성 행동들은 정상 범주에서 벗어난 이상 성 행동으로서 강박적이며 충동적이다. 이러한 성 행동들은 성격장애 또는 정신분열증으로 나타날 수 있다.

가끔 사회의 관심 대상이 되는 트랜스젠더는 성주체성 장애를 극복한 예다. 대부분의 사람들은 생물학적 성과 사회 문화적 성 역할이 일치하지만, 그렇지 않은 경우 수술과 호르몬 요법으로 성을 바꾼 사람들이 트랜스젠더다. 성주체성 장애는 성전환증으로서 일종의 이상 성 행동이다.

관음증
다른 사람의 알몸이나 성교하는 것을 몰래 훔쳐봄으로써 성적 만족을 얻는 이상 성욕

여러 가지 이상 성 행동은 개인뿐만 아니라 가정과 사회마저도 병들게 한다. 그러므로 심리학, 정신분석학, 윤리학, 정신의학 등의 도움을 받아 이상 성 행동을 치료하고 정상 성 행동을 회복할 때 비로소 각 개인은 건전하고 정상적인 성 행동을 유지할 수 있을 것이다.

결혼과 사랑에 대하여

민지는 언니가 결혼식이 끝난 후 신혼여행을 떠나자 여러 가지 생각에 잠기지 않을 수 없었다.

"언니는 좋겠다. 깨가 쏟아진다는 신혼살림을 차리게 됐으니, 얼마나 좋을까? 사랑하는 사람을 만나 서로 위해 주고……. 나도 언니 나이가 되면 사랑하는 사람을 만나 결혼하게 되고 서로를 위해 주며 성생활도 만족할 만하게 즐길 수 있을까?"

민지는 홀로 여러 가지 생각에 잠겼다. 그때 볼일 보러 나갔던 엄마가 돌아오셨다.

"민지야, 오늘따라 무슨 생각을 그렇게 골똘히 하고 있어?"

"응. 결혼과 성생활, 사랑, 뭐 그런 것에 관해 나 나름대로 이런저런 생각을 해 보고 있었어요."

“언니가 결혼하고 신혼여행 떠나 버리니까 허전해서 그러는구나. 하긴, 10년이나 차이가 난다고 네 언니가 얼마나 너를 아끼고 감싸 주었니. 이 엄마까지 샘이 날 정도였다니까. 그런 언니가 시집을 가니 언니를 뺏긴 것 같기도 하고 허전하기도 하겠지.”

“엄마, 그런 게 아니에요. 언니와 나는 언제나 한마음이야. 난 언니가 정말 행복하기를 바란다고요. 그런데 엄마, 결혼과 성생활과 사랑은 하나예요, 아니면 별개예요?”

“쉬워 보이지만 참 어려운 질문이구나. 끊임없이 인내하면서 서로 위해 주고 이해하며 사랑하는 부부에게는 결혼과 성생활과 사랑이 분명 하나일 거야. 그렇지만 서로 싫어하고 증오해서 이혼까지 하려는 사람들에게는 그것들이 각각 별개이겠지.”

“그럼…… 이건 좀 엉뚱한 질문이지만 솔직하게 말씀해 주시면 좋겠어요. 엄마는 결혼 전에 성관계를 하는 걸 용납하는 입장이에요, 아니면 반대하는 입장이에요?”

“글쎄……. 이 엄마가 구닥다리여서 그런지는 몰라도 가능한 한 결혼 전에는 성관계를 갖지 않는 편이 좋지 않겠니?”

“결혼을 약속하고 양가의 부모님도 다 인정하는 사이인 사람들이 서로 원해서 성관계를 갖는 데도요?”

“물론, 성인 남녀가 서로 원해서 성관계를 갖는 것에 대해서는 제삼자가 이러쿵저러쿵 판단할 일은 아닌 것 같기도 하구나. 그래도 내 생각에는 사랑은 고귀한 것이고 사랑하는 사람 역시 고귀한 존재이니까 성관계는 결혼 후로 미루는 게 어떨까 싶어. 서로 안아 주고 애

무해 주는 것만으로도 충분히 사랑을 표현할 수 있지 않을까?"

"역시 엄마는 구식이구나. 그런데 저도 엄마를 닮아서 구식인가 봐요. 제가 대학생이 된 후에 사랑하는 남자가 생기면 성관계를 하고 싶은 충동에 사로잡힐 때도 있을 거 아니에요? 그럴 때 개방적인 아이들은 별 망설임 없이 하겠지만, 저는 그렇지 않을 것 같아요. 그런데 상대가 너무나 원하면 정말 어떻게 해야 하는 거예요?"

"이 엄마도 민지가 아니니까, 네가 어떻게 행동하는 것이 정답이라고 말하기는 참 힘들구나. 엄마와 아빠의 경우가 참고가 될까? 엄마가 대학교 3학년 때 대학원에 다니는 네 아빠를 만났고, 우리는 정말 열정적으로 연애를 했단다. 솔직히 말해서 우리 둘 다 서로를 뜨겁게 원하고 있었지. 그래도 서로 다독거리면서 애써 참았단다. 민지도 엄마와 아빠가 걸어온 길을 선택할 거라고 믿어."

"아직은 잘 모르겠어. 지금은 겁도 나고. 그런데 엄마, 혼전 성관계에서 여러 가지 문제들이 발생한다는데 어떤 것들이 있어요?"

"그건 민지도 잘 알고 있잖니. 혼전 성관계로 인해서 생기는 문제는 정신적 죄책감이 있겠지. 다음으로는 성병과 임신의 문제가 생길 수 있어. 젊은 남녀는 사랑의 열정은 강해도 냉철함이 부족하기 때문에 불같이 사랑하다가도 금방 식어 버릴 수 있거든. 따라서 성관계는 순간적인 쾌감만을 가져다줄 뿐 결국은 후회와 고통만 남겨 주기 쉽단다. 진정한 사랑이 결여된 성관계, 다시 말해서 즉흥적인 성관계로 인해 임질◆과 같은 성병은 물론이고 에이즈 같은 불치병도 걸릴 수 있단다.

혼전 성관계로 임신이 되었을 경우도 생각해 봐야 해. 물론 확실히 결혼할 남녀라면 임신이 되더라도 결혼해서 애를 낳으면 되겠지. 하지만 미성년자라거나 나중에 마음이 변하거나 집안의 반대 등 다양한 이유로 결혼을 하지 못하는데 임신이 되었을 경우 크나큰 갈등을 하게 되고, 이것이 평생 고통이나 상처로 남을 수 있단다. 그러니 혼전 성관계는 결코 간단한 문제가 아니지."

"무슨 말인지 알았어요, 엄마. 결국 성관계도 책임감을 갖고 해야 불행한 결과를 가져오지 않는다는 거죠?"

"그래, 민지야. 사랑이 없는 결혼은 결국 이혼이

임질
주로 성교로 전염되며 요도로 침입해 오줌을 눌 때 몹시 가렵거나 따끔거리고 고름이 심하게 나는 성병의 일종라는 파경으로 치닫게 된단다. 또 사랑이 없는 성생활 역시 순간적인 성적 쾌감만 가져다줄 뿐이지, 그 이상은 의미가 없어.

그러니까 진정으로 사랑하는 사람끼리 결혼한다면 성생활도 즐겁고 건강할 수 있지. 사랑하는 사람끼리 성관계를 통해 쾌감을 나누는 일은 아름다운 거야. 또한 서로 사랑하는 부부의 아름다운 성관계를 통해 태어난 아기야말로 축복받은 생명이란다."

결혼과 성생활과 사랑은 한마디로 정의할 수 있는 것이 아니다. 결혼과 성생활과 사랑은 생물학적 측면과 아울러 사회적이고 문화적인 측면에서 다양하게 논의돼야 할 주제다.

남녀가 서로 존중하며 상대방을 단순히 수단이 아니라 나 자신과 똑같은 목적으로 대할 때 그 사랑은 지속적인 것으로 빛을 발할 수 있다. 남녀가 결혼 생활에서 서로 상대를 염려하고 배려하며 상대에게 깊은 관심을 가질 때에야 비로소 만족스러운 성생활을 통해 긍정적인 쾌감을 얻을 수 있기 때문이다.

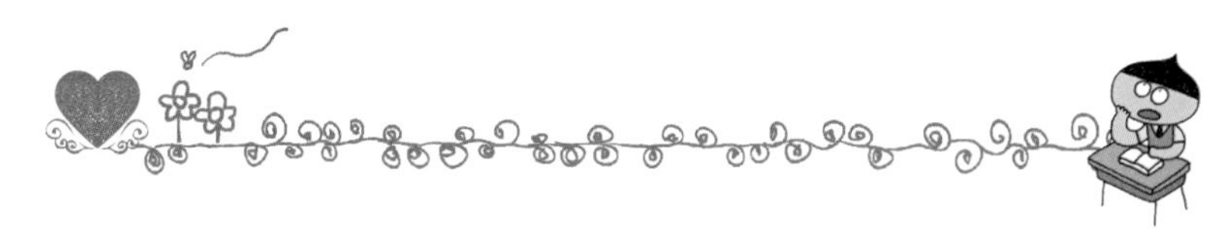

새 생명이 탄생되기까지

남자와 여자는 때가 되면 서로 사랑해서 결혼하고 사랑의 결과로 임신하여 새 생명을 탄생시킨다. 생명의 탄생만큼 신비로운 것도 없을 것이다. 눈에 보이지 않는 수억 개의 정자들이 난자를 향해 돌진하지만 그중에서 오직 한 개의 정자만이 난자를 만나 수정되어 수정란이 된다. 이것만 봐도 모든 생명체는 말 그대로 선택된 생명이라는 사실을 알 수 있을 것이다.

임신은 수정란이 여성의 자궁내막에 착상되는 것이다. 임신 기간은 최종 월경 시작일로부터 평균 280일이며, 임신의 결과는 출산이다.

임신과 출산에 대한 진아와 어머니의 대화를 들어 보자.

"엄마, 어제 학교에서 임신과 출산에 대해 강의를 들었어요. 외부

강사님이 와서 강의했는데 아주 재미있었어요. 그런데 너무 재미와 흥미 위주로만 강의해서 별로 깊이는 없었던 것 같아요. 그래서 엄마한테서 더 듣고 싶어요. 엄마, 임신이 무엇이고 어떻게 임신되는지는 다 알겠어요. 그런데 엄마는 배 속에 아기가 생긴 걸 어떻게 알았어요?"

"임신을 진단하는 방법은 강의에 없었니?"

"너무 웃다가 잘 못 들었어요. 임신을 진단하는 원리가 뭐예요?"

"자가 진단이 있고, 병원에서 진단하는 방법도 있어. 우선 임신을 하면 자궁이 커진단다. 그리고 소변이나 혈액에서 태반성 호르몬(HCG)◆을 측정해서 임신 여부를 알 수 있지. 그리고 초음파를 찍어서 자궁 속의 임신낭◆을 확인할 수도 있어."

"아, 그렇구나."

"그래, 너도 곧 성인이 될 거고 머지않아 예비 엄마가 될 테니, 미리 알아 둘 필요가 있겠구나. 그럼 임신 중에 보통 나타나는 증상으로는 어떤 것들이 있는지, 엄마가 진아와 오빠를 임신했을 때 읽은 책과 엄마의 경험을 떠올려서 이야기해 줄게.

진아 때는 안 그랬지만 네 오빠를 가졌을 때는 구역질이 나는데도 막상 토하는 것 없이 신물만 올라오는 오심이 심했어. 너무 구역질이 심하고 음식 냄새가 싫어서 병원에 가서 치료까지 받아야 했단다. 어떤 음식은 냄새는 괜찮다가도 입에만 들어가면 토해 내기 일쑤였지. 게다가 임신 초기에는 쉽게 피로감을 느끼고 잠이 많이 온단다. 다행히 임

태반성 호르몬
사람의 태반에서 생성되는 호르몬으로, 임신 상태에서만 분비되며 임신을 유지시켜 준다.

임신낭
아기집 혹은 태낭, 태아 주머니라고도 한다.

신 4개월이 지나면 이런 증상은 자연적으로 사라져. 그리고 임신 초기에는 많은 임신부들이 두통으로 시달리기도 해."

"구역질에 졸리고 두통까지? 너무 힘들어 보이는걸요."

"그래서 어머니는 위대하다는 말도 있잖니. 280일이라는 긴 시간 동안 생명체를 배 속에 잉태하고 있다가 이 세상으로 출생시키는 탄생의 비밀을 지니고 있는 주인공들이 바로 여성들이야.

임신의 증상들로는 호흡 곤란, 유방 증대, 빈뇨 등도 있어. 임신하면 자궁이 방광을 누르기 때문에 소변을 자주 보게 되지. 변비, 치질, 요통 증상도 나타난단다. 그리고 정맥류◆, 구강 질환, 가슴 통증 등도 임신의 증상들이야. 임신 말기에 이르면 체중이 느니까 다리의 정맥이 불거져 나오기도 한단다. 또 임신 말기에는 팔의 신경이 당겨져서 팔의 힘이 빠지고 아프면서 저린 상지 통증도 생기지."

"엄마 말을 들으니까 결혼해서 애 낳는 게 너무 고통스럽게 느껴져요. 임신하고 출산하는 것 자체가 정말 무서워요."

"그래, 여성은 난생처음 생애 가장 큰 고통을 겪어야만 생명을 세상에 내놓을 수 있단다. 하지만 진아야, 고통이 큰 만큼 기쁨 또한 크다는 사실을 잊으면 안 된다. 엄마가 임신과 출산의 고통을 겪은 대가가 바로 네 오빠와 진아 너잖니. 너도 잘 알지?

너희 둘이 엄마와 아빠에게는 무엇과도 바꿀 수 없는 소중한 보물이라는걸."

"알아요, 엄마. 그런 엄청난 고통을 겪으면서 우리를 낳았다니 너무 미안하고 또 고마워요."

정맥류
정맥이 혹처럼 확장된 상태로, 심장의 기능이 좋지 않거나 정맥이 압박, 폐쇄되었을 때 일어난다.

"그렇게 생각한다니 엄마도 고맙고 기쁘구나. 그런데 진아야, 혹시 임신했을 때 지켜야 할 사항이나 검사 등에 대해서도 들었니? 그리고 출산이 구체적으로 어떻게 이뤄지는지?"

"강의 내내 웃다가 끝났다니까요."

"그럼, 엄마가 더 자세히 알려 줄까? 임신이 확인되면 우선 혈액 검사, 소변 검사, 혈청 검사 등 초기 검사를 해야 해. 다음으로 초기 초음파 검사를 하는 거야. 임신 6주경에는 초음파 검사로 태아 존재를 확인할 수 있거든. 임신 15주부터 20주 안에는 무뇌아, 다운증후군, 복벽결손◆ 등의 여부를 검사해야 해. 임신 중기와 말기에는 초음파 검사를 해서 태아의 건강 상태와 태아의 위치 및 크기를 살펴본단다. 임산부의 당뇨 검사와 혈액 검사도 해야 하고."

"어휴, 정말 복잡하구나!"

"아무렴, 생명이 태어나는 일인데 허투루 하면 되겠니? 그러니까 모든 어머니는 위대하다는 거지. 임신 기간뿐만 아니라 출산 과정도 만만치 않단다. 출산 과정은 3기로 나눌 수 있어. 1기는 경관 개대기라고 해. 복부 진통이 오기 시작해서 자궁경부가 완전히 열리는 시기야. 2기는 태아 만출기로 자궁경부가 완전히 열려서 신생아가 출산될 때까지야. 3기는 태반 만출기야. 신생아가 자궁 밖으로 나온 후 태반이 완전히 나올 때까지인데, 이 3기가 무사히 끝나면 출산이 완료되는 거란다."

복벽결손
배의 앞을 이루는 벽이 생기지 않아서 소장과 같은 장기가 몸 밖으로 보이거나 돌출되는 증상

인간의 임신과 출산에 관한 신비를 극히 일부라도

엿보면 인간의 생명이 얼마나 소중한지 새삼스레 놀라지 않을 수 없다. 이 세상의 모든 인간은 결국 남녀 간 사랑의 결실이다.

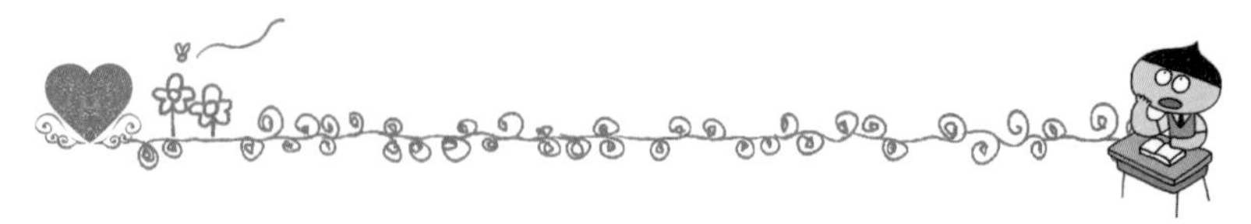

사랑에도 공부가 필요하다

최근 들어 강의나 강연 등을 통해 성교육이 활발하게 이뤄지고 있다. 초등학교와 중고등학교에서, 그리고 라디오나 텔레비전 등에서 공개적으로 성교육이 이뤄지고 있는 현상은 매우 바람직한 것이다. 그렇지만 이런 교육이 지속적으로 행해지지 않기 때문에 사람들은 성교육이 중요하고 필요하다는 것은 알고 있으면서도 드러내놓고 성을 이야기하기를 꺼린다.

대부분의 부모는 성에 대한 편견을 가지고 있다. 부모들은 성을 대놓고 이야기하는 일은 수치스럽고 부끄러운 것이며 더 나아가서는 죄악이라고까지 은연중에 믿고 있다. 그렇기 때문에 아이들이 성에 관해 물을 때 부모들은 당황하며, '혹시 내 아이가?' 하는 마음에 아이들을 추궁하면서 불안감을 보이기 쉽다. 또 아이들이 성에 관해 물으면 "쓸데없는 데 신경을 쓰지 말고 공부나 해라" 또는 "너도 어른이 되면 저절로 알게 된다"라며 중요하지도 않은 데 신경 쓴다는 식으로 반응하는 경우가 많다.

민철이와 선생님의 대화를 들어 보자.

"선생님, 짐승이든 사람이든 성에 대해서는 누가 가르쳐 주지 않아도 성장하면서 자연적으로 알게 되는 거 아닌가요? 제가 보기엔 성교육은 별로 필요 없는 것 같아요."

"민철이 말에도 일리는 있지만 그래도 성교육은 꼭 필요하단다. 민철이는 성의 생리나 성의 심리 그리고 생식 방법에 대해 빠짐없이 다 알고 있니? 그런 것들도 저절로 알게 되는 거라고 생각하니?"

"말씀을 듣고 보니까 제 생각이 짧았네요."

"그래, 네 나이 때는 성이라고 하면 성행위나 성적 쾌감만을 생각하기가 쉽지. 그렇지만 사회와 문화에 따라 인간은 다양한 성 행동을 보일 수 있어. 사람에 따라서는 정상 성 행동 또는 이상 성 행동을 보이기도 한단다. 민철아, 네 또래의 청소년들은 성교육이라면 인간의 생리적이고 해부학적인 구조와 기능 그리고 남녀의 성적 특징과 성관계 및 임신과 출산에 관한 교육으로만 생각하기 쉽지. 그렇지만 선생님이 아까 말한 것처럼 성이란 매우 복합적인 것이기 때문에 생물학적 탐구와 아울러 사회적이고 문화적인 접근이 반드시 필요하단다. 그러니까 성은 반드시 교육이 필요한 거야."

"선생님, 그러면 성교육은 언제부터 시작해야 하는 거예요?"

"그거야 신생아 때부터지. 어머니는 아기에게 젖을 먹이면서 온갖 정성을 기울여서 아기를 보살피잖니. 아기는 엄마의 따뜻한 사랑을 받으면서 공격성이 완화된단다. 엄마의 따뜻한 사랑을 받고 자란 아이는 나중에 커서 정상적인 성 행동을 할 수 있어. 성교육이란 유아기부터 청년기, 성인에 이르기까지 모든 이들을 대상으로 성에 대한 올바른 인식과 태도를 갖게 가르치는 거야. 성은 인간의 인격을 구성하는 데 중요한 부분이란다. 성을 올바로 알고 정상적인 성 행동을 취할 때 성에 대한 죄의식에서 벗어나 잘못된 성 회피를 극복할 수 있어. 게다가 성기능 장애에서도 탈피할 수 있지. 성을 제대로 알고 성에 대한 올바른 태도를 가질 때 비로소 우리는 성의 즐거움도 건전하게 누릴 수 있는 거란다."

"그럼, 성교육도 유아기의 성교육, 아동기의 성교육, 청년 전기의 성교육, 청년기의 성교육 등 네 단계로 구분할 수 있겠네요?"

"그렇지. 그 네 단계가 일반적이지."

"선생님, 각 단계 별로 어떻게 다른가요?"

"유아기의 성교육은 비교적 단순하단다. 유치원에 들어가기 전까지의 유아기 아이들은 주로 부모형제와 시간을 보내면서 그들로부터 많은 영향을 받아. 아이들은 가족 사이에서 남녀 차이를 알고 부모와 스킨십을 하면서 애정을 표현하지. 이 시기의 아이들은 '왜 나는 고추가 안 달렸어?', '아기는 어떻게 태어나는 거야?' 등과 같은 질문을 하게 된단다. 이럴 경우 부모는 당황하지 말고 옆집의 누구는 고추가 달려서 남자이고 엄마나 이모는 고추가 안 달려서 여자라고 가르쳐

주면 돼. 그리고 엄마는 몸속에 아기방이 있고 그곳에서 엄마와 아빠의 아기씨가 자라서 나중에 아기가 태어난다고 말해 주는 것이 좋단다."

"그건 별로 어렵지 않을 것 같아요. 그럼 아동기와 청년 전기에는요?"

"아동기의 성교육은 청년 전기 및 청년기의 성교육을 위한 준비 단계란다. 아동기에는 식물과 동물의 번식을 설명하면서 인간의 생식 활동 전체를 이해시킬 필요가 있어. 동식물의 생태, 환경, 암수의 기능을 가르쳐 줘야 하고 아동에게 가족 구성과 가족 내에서 아이의

성추행
일방적으로 성적 만족을 얻기 위해 물리적으로 신체를 접촉해서 상대방에게 성적 수치심을 불러일으키는 행위

위치를 알려 줘야 하지.

사춘기는 청년 전기라고도 하는데 사춘기 전후로 몽정, 발기, 자위행위 등의 생리 현상 그리고 신체 발달에 대해 가르쳐야 한단다. 그래야 청소년들이 혼란스러워하지 않을 수 있으니까 말이다. 물론 임신 과정에 대한 교육도 필수적이지. 성폭력과 성추행◆에 관한 철저한 교육도 빠져서는 안 되고 말이다."

"그럼 청년기의 성교육의 내용은 어떤 거예요?"

"그거야 우선 사춘기의 특징에 대한 교육이 필요하고 다음으로 자위행위, 성적 공상, 혼전 성교, 임신, 출산 그리고 성병에 대한 상세한 교육이 이뤄져야 하지. 또 미혼모나 피임에 대한 교육도 필요하고."

인간은 생물학적 존재일 뿐만 아니라 사회적이며 문화적인 존재이기도 하므로 인간의 성은 교육과 훈련이 필요하다. 정상적인 성교육과 훈련을 받을 때 한 인간의 성 행동은 비로소 인격적인 행동이 될 수 있다.

생각해 볼 문제

❶ 남녀의 생식기 구조와 성기의 발달은 어떤 과정을 거치는지 알아 보자.

❷ 오로지 성적 쾌감만을 얻기 위해 성욕을 충족시키는 사람이 있다면 그런 사람은 성욕의 일부분만 알고 있는 사람이다. 성욕의 종합적인 측면은 어떤 것인가?

❸ 성 행동의 발달 단계는 어떤 것인가? 각 단계의 특징을 이야기해 보자. 정상 성 행동과 이상 성 행동을 어떻게 구분할 수 있는지도 이야기해 보자.

❹ 결혼과 성관계와 사랑은 서로 어떤 관계가 있는지 각자의 의견을 펼쳐 보자.

❺ 임신 증상에는 어떤 증상들이 있는가? 또한 출산은 어떤 단계의 과정을 거치는지 말해 보자.

❻ 성교육은 왜 필요한가? 성교육의 단계에 관해 이야기해 보자.

6장

예술 속 사랑의 모습

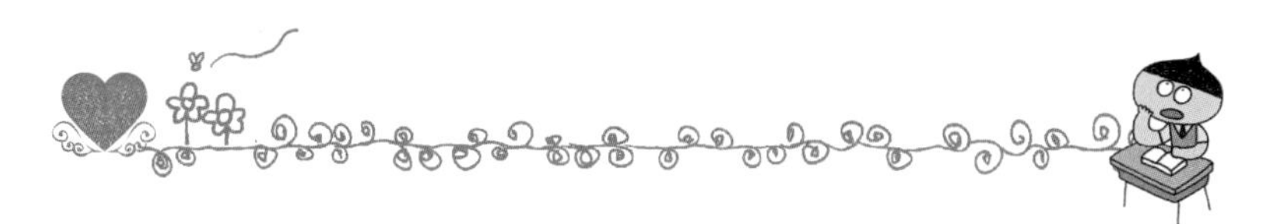

아름다움을 향한 맹목적인 사랑

사람들이 어떤 경우에 '사랑'이라는 말을 하는지만 봐도 사랑은 매우 다양하다는 사실을 알 수 있다.

"나는 내 애인을 죽도록 사랑해."

"나는 내 친구 민지를 너무 너무 사랑해."

"우리 집은 정말 화목해. 부모님은 우리 남매를 진심으로 사랑하고, 우리 남매 역시 부모님을 사랑해."

"나는 자연을 사랑하기 때문에 이렇게 산에서 삽니다."

"우리는 인류애를 실현해야 합니다."

"내가 왜 강아지와 고양이를 키우느냐고요? 나는 강아지와 고양이를 세상에서 가장 사랑해요. 사람은 은혜를 배반하지만 강아지와 고양이는 베푼 만큼 돌려줄 줄 아니까요."

사랑은 크게 보면 성적 사랑, 예술적 사랑, 철학적 사랑, 종교적 사랑 등으로 나눌 수 있다. 사랑을 서양 사상의 맥락에 따라 구분하면 인간의 사랑인 에로스, 지혜 사랑인 필리아, 종교적 사랑인 아가페 등으로 나눌 수 있다. 아름다움에 대한 사랑은 에로스에 해당한다.

"세잔의 풍경화나 정물화는 아무리 봐도 싫증이 안 나. 둥근 모양, 네모 모양, 세모 모양이 그토록 아름답게 조화를 이룰 수 있다니!"

"나는 설악산에 가면 꼭 내설악에 들러. 계곡과 바위, 나무, 하늘이 한데 어우러진 자연의 아름다움을 내설악에서 만끽할 수 있기 때문이지."

"저 여인의 눈매와 입술은 너무 아름다워. 저런 여인의 아름다움에 반하지 않을 남자가 어디 있겠어? 저런 여인의 아름다움에 반해서 사랑에 빠지지 않을 남자가 어디 있겠어?"

아름다움에 대한 사랑은 정확히 말하자면 예술적 사랑이다. 덴마크의 현대 실존주의 철학자 키르케고르는 인간의 실존을 세 가지로 구분했다. 실존이란 구체적이며 현실적인 인간 존재를 말하는데, 미적 실존, 윤리적 실존 그리고 종교적 실존이다. 인간의 삶은 언제 어디서든 수많은 문제로 가득하다. 그러므로 인간 존재는 누구나 문제를 해결함으로써 참답고 자유로운 자기 존재를 확인하려 한다.

젊은 남녀가 만나서 서로의 아름다움에 반해 열정적으로 사랑하면서 자기 존재를 확립시키려고 하는 단계가 바로 미적 실존이다. 그러나 키르케고르에 의하면 사랑은 곧 권태와 증오로 변하고 만다. 젊은 남녀의 성적 사랑은 순간의 쾌락을 줄지는 몰라도 삶의 번뇌와 고통을 사라지게 할 수는 없다.

키르케고르가 보기에 다음 단계의 실존은 윤리적 실존이다. 미적 실존에서 실망만 맛본 남녀는 결혼해서 가족이라는 도덕적 집합체를 형성함으로써 삶의 고뇌를 극복하고, 불변하며 안정적인 인간 존재를 구현하려 한다. 그러나 윤리적 실존 단계에서도 가족 간의 사랑과 협동에도 불구하고 반목과 오해와 좌절이 지배하게 됨으로써 유한한 인간의 구원은 불가능하다.

키르케고르는 궁극적으로 종교적 실존으로 비약할 것을 주장한다. 유한하고 죄를 지은 인간 존재가 전지전능한 유일신을 믿을 때 비로소 인간의 구원이 실현된다는 것이다.

키르케고르가 말한 미적 실존은 한편으로는 예술적 아름다움과 관계가 있지만, 또 한편으로는 별로 관계가 없다. 미적 실존은 감각적 쾌감을 가져다준다는 점에서 예술적 아름다움과 닮았다. 그러나 미적 실존이 성적 쾌감 단계에 지나지 않는다는 것은 다분히 도덕적인 판단에서 비롯된 결론이므로, 그런 관점에서 본다면 예술적 아름다움과는 별로 상관이 없다고 봐야 할 것이다.

그렇다면 아름다움이란 과연 무엇일까?

"아름다움은 지각◆의 조화로움이야. 예컨대 어떤 그림 자체가 아름다울 수는 없는 거잖아. 인간이 그 그림을 지각하는 한 아름다운 거지."

"그렇다면 그것을 지각하는 사람에 따라 아무 그림이나 다 아름다울 수도 있다는 거야?"

"물론 아름다움에는 핵심 요소가 있지."

"그게 뭔데?"

"조화로운 형식이야. 그래서 우리는 아름다움을 형식이라고 부르는 거야."

"그렇구나. 그렇다면 숭고미는 뭐야?"

"미적 대상이 숭고할 때 우리는 숭고미◆를 느껴. 예컨대 대상이 엄청나게 크거나 매우 탁월할 때 우리는 숭고미를 느끼지. 칸트 같은 철학자의 말에 따르면 특정한 대상을 지각할 때 쾌락을 느끼는데, 이 경우의 대상을 일컬어서 미적 대상이라고 해."

"그럼 쾌락을 일으키는 것이 바로 아름다움이구나!"

지각
감각 기관을 통해 대상을 인식하는 작용

숭고미
자연을 인식하는 '나'가 자연의 조화를 현실에서 추구하고 실현하고자 하는 태도를 보이는 미의식이 나타나는 것으로 인간의 보통 이해력으로는 알 수 없는 경이(驚異), 외경(畏敬), 위대함 따위의 느낌을 준다.

"말하자면 아무런 이해관계도 없이 마음에 드는 것, 곧 쾌락을 일으키는 것이 아름다움이야. 그리고 일정한 목적 없이 마음에 드는 것이 아름다움이지."

"그래서 우리는 아름다운 자연이나 그림, 음악 그리고 사람을 사랑하지 않을 수 없는 거구나!"

특정한 목적도 없이, 그리고 어떤 이해관계도 없이 마음에 드는 것이 아름다움이기 때문에 우리는 아름다운 예술 작품을 사랑하고, 또 아름다운 사람들을 사랑한다. 사랑은 삶의 에너지다.

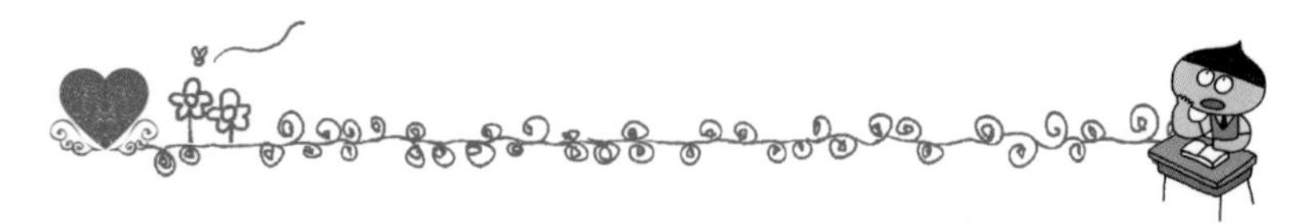

과연 무관심이 사랑의 반대말일까

청소년의 사랑은 어떤 것일까? 일상인들의 사랑은 어떤 것일까? 4대 성인들, 곧 예수와 석가모니와 공자와 소크라테스의 사랑은 어떤 것이었을까? 아름다움과 사랑은 어떤 관계일까? 왜 사람들은 추함을 미워하고 아름다움을 사랑하는 것일까?

아름다움이란 아무런 이해관계를 갖지 않은 미적 태도에 와 닿는 '마음에 드는 것', 다시 말해서 일종의 쾌감이다.

진아와 선생님의 대화를 들어 보자.

"선생님, 산이나 들 또는 예술 작품이 아름답다고 할 경우 중요한 것은 무관심이라는데, 무관심은 전혀 관심이 없다는 의미인가요?"

"진아야, 무관심이라는 말을 쓴 사람은 독일 철학자 칸트란다. 무관심이라는 말은 아무래도 오해를 불러일으킬 수 있으니, 그보다는 공평무사함이라는 말이 낫겠구나. 예컨대 첼로 연주를 들을 때 첼로 악기 값이 꽤 비싸겠다든가, 한 번 연주할 때 입장료 수입이 얼마 정도 되겠다든가, 그런 데만 관심을 가진다면 첼로 연주의 예술적 아름다움을 느끼기 힘들겠지?"

"예술 작품을 감상할 때는 물론 다른 데 신경 쓰지 말고 선생님 말씀대로 공평무사한 마음으로 예술적 아름다움을 접해야겠지요. 그렇지만 곡식이 누렇게 익어 가는 들판을 아름답게 느끼는 데도 공평무사한 마음이 필요한가요?"

"진아야, 이해관계 없이 지각에 와 닿아서 마음에 드는 것, 다시 말해서 마음에 쾌감을 일으키는 것이 아름다움이야. 그렇다면 가을 들판 역시 공평무사한 마음으로 바라볼 때 아름다울 수 있는 거란다. 칸트 말대로 하자면 무관심하게 들판을 지각할 때 들판의 아름다움을 느낄 수 있는 거야."

"그럼 무관심이나 공평무사함에 관해 구체적인 예를 들어서 설명해 주실 수 있을까요?"

"그럴까? 우리가 대상을 대하는 태도에는 미적 태도와 비(非)미적 태도가 있어. 무관심한 태도 내지 공평무사한 태도는 미적 태도야. 다시 말해서 미적 태도는 이해관계가 없는 태도지. 산이나 들판을 바라보면서 산의 일부에 펜션을 지어서 팔면 얼마의 이익이 생길지 따지거나 들판에 농사를 지으면 1년 소득이 얼마가 될 거라고 계산하는 사람의 태도는 실용적 태도이지, 미적 태도가 아니야."

"예컨대 어떤 사찰을 볼 때 사찰의 건축 형식이 조화로운지, 또는 단청의 색깔이 잘 어울리는지를 살피는 태도는 미적 태도인가요?"

"그래. 좋은 예를 들었구나. 무관심하게 대상을 대하는 태도가 미적 태도라고 할 때 무관심은 사심이 없다는 거야. 여관비가 없으니까 스님에게 잘 말해서 사찰에서 공짜로 하룻밤을 자야겠다거나, 사찰을 관찰하면서 사찰의 역사를 연구하는 태도 역시 미적 태도는 아니란다. 사찰이 언제 불타고 재건되었으며 사찰 각 부분의 재료는 어떤 것으로 되어 있는지 살피는 태도는 인지적 태도라고 할 수 있겠지. 미적 태도는 어디까지나 사찰의 아름다움을 지각하는 태도란다."

"그렇다면 선생님, 미적 태도는 예술 및 예술 작품의 아름다움에 대한 태도라고 볼 수 있나요?"

"진아야, 지금까지 우리가 주제로 삼은 아름다움은 사랑과 밀접하게 연관된 것이고, 무엇보다도 아름다움은 예술적 아름다움이란다. 그러니까 네가 말한 것처럼 예술의 아름다움에 대한 태도가 바로 미적 태도인 거지."

"그러니까 아름다움에 대한 사랑은 예술적 사랑이라는 거죠? 그래서 키르케고르의 미적 실존이 아름다움에 대한 사랑과 비슷하다고 하는 거군요."

"잘 알아듣는구나. 그런데 진아야, 키르케고르의 입장을 따르자면 아름다움에 대한 사랑은 윤리적 사랑이나 종교적 사랑보다 낮은 단계의 것이야. 키르케고르는 아름다움에 대한 사랑을 순간적인 성적 쾌감에 대한 사랑과 동일시했으니까 말이다."

"헤겔◆이라는 독일의 관념철학자도 예술이 종교나 철학보다 낮은 단계라고 말한 걸로 알고 있어요, 그렇죠?"

"그래. 헤겔에 의하면 신적인 절대정신◆은 자신의 모습을 처음에는 자연으로, 그다음에는 예술과 종교로, 그리고 마지막에는 철학의 절대 지식으로 나타내면서 자신을 완성해 나가는 것이란다. 그러니까 예술적 아름다움은 종교적 계시나 철학적 진리보다 낮은 단계의 정신에 해당하는 거지."

헤겔(1770~1831)
독일 관념론 철학을 완성시킨 근세의 체계적 형이상학자. 모든 사물의 전개를 정(正)·반(反)·합(合)의 3단계로 나누는 변증법을 주장했다.

절대정신
헤겔 철학에서 주관과 객관을 동일화해서 완전한 자기 인식에 도달한 정신

"그렇지만 요새는 예술, 종교, 철학, 도덕 등이 모두 문화를 형성하는 요소들로 생각되지, 높거나 낮다고 판단하지 않잖아요?"

"그렇지. 사람마다 기본 입장에 따라 서로 다른 의견을 제시할 수 있을 거다. 그건 그렇고 진아야, 비미적 태도들로는 어떤 것들이 있을까?"

"예술 작품의 화폐적 가치에만 신경 쓰는 태도는 상업적 태도예요. 그리고 우리나라의 시인 이상의 작품들이나 김동인의 단편소설을 시대 상황이나 등장인물의 성격 등으로 나누어 해석하는 것은 분석적 태도이고요. 또 예술 작품을 도덕적 태도나 정치적 태도로 취급하는 경향도 있어요. 많은 종교 지도자들이나 정치가들이 그렇지요."

칸트가 말한 것처럼, 무관심하거나 공평무사하게, 또는 이해관계없이 어떤 예술 작품을 대할 때 그 작품을 사랑할 수 있는 것은 미

적 태도 때문이다. 예술 작품을 오직 상업적 태도나 정치적 태도로 대한다면 우리는 아름다움에 대한 사랑을 상실한다. 이 경우 우리는 예술 작품을 이용할 방법을 찾는 데만 골몰할 것이다. 예술과 예술 작품에 대한 사랑은 아름다움에 대한 사랑이다.

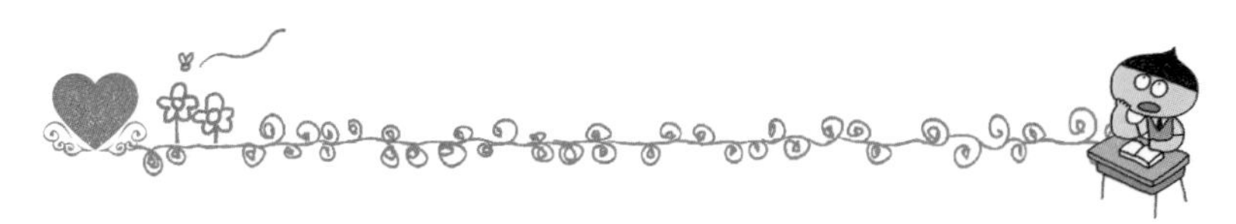

디지털 기기가 사랑을 소외시킨다고?

현대 사회의 많은 사람들은 아름다움을 망각한 채 살아가고 있다. 현대인들은 예술 작품에 대한 사랑과 아름다움에 대한 사랑을 잃어 가고 있다. 다시 말해서 현대인들은 미적 태도를 버린 지 오래다. 그런데 음악회나 전시회에 가는 사람들은 어떤 사람들일까?

"얼마 전에 누가 음악회 표를 줘서 정말 오래간만에 음악 감상을 제대로 했어. 모차르트의 피아노곡을 몇몇 연주가가 한 시간 반 동안 연주했지. 그런데 젊은 연인으로 보이는 몇몇 커플들이 연주 도중에 끊임없이 소곤대는 데다 어떤 중년 남자는 코까지 골면서 자더라고."

"말도 마요. 나는 어느 현대 화가 전시회에 갔어. 대부분이 추상화

였는데 대강 50점 정도 전시되었고, 그중 몇 개의 그림 밑에는 노란색 종이에 이미 판매되었다는 표시가 되어 있었어. 전시회를 찾은 사람들은 대부분 입구로 들어와서 그림 앞을 별 관심 없이 지나쳐서 출구로 그냥 나가는 거야."

"그래. 맞아. 음악이나 그림에서 미적 태도가 상실된 게 어디 하루 이틀이야? 음악이나 그림에서 재능이 빛을 보려면 사실 막대한 투자가 필요하잖아. 어려서부터 학원에도 다녀야 하고, 유명한 선생들에게서 비싼 개인 레슨도 받아야 한대.

어떻게 보면 요새는 의사, 변호사나 화가, 음악가들이 다 비슷한 것 같아. 아니지. 의사, 변호사, 화가, 음악가뿐만 아니라 대부분이 그렇지. 현대인들은 물질 만능 주의와 황금만능주의에 젖어 있다고. '지나침'으로서의 순간적인 삶에 너무 익숙해져 있어. 인간이 과연 어떤 존재인지, 예술과 예술 작품이 무엇이며 아름다움과 미적 태도가 무엇인지에 대한 물음을 상실한 것이 바로 현대인들의 모습이야."

현대 사회는 소위 '디지털 사이버 후기 자본주의 사회'라 할 수 있다. 디지털은 아날로그와 대비되는 말이다. 아날로그는 '있는 그대로 모방한다'는 뜻이다. 그러나 반도체나 컴퓨터에 의해서 작동하는 디지털 방식의 기기는 아날로그 방식의 기기와는 비교할 수 없을 정도로 효능이 뛰어나다.

디지털 방식의 기기는 사이버 공간, 곧 가상공간을 만들어 냈다.

최근의 경향을 보면 상당히 많은 분야에서 가상공간이 현실을 좌지우지하고 있음을 알 수 있다. 종래의 자본주의◆ 사회에서 생산관계◆를 형성하는 요소들은 자본, 생산 수단, 노동이었다. 그러나 후기 자본주의 사회에서 생산관계를 결정하는 요소들은 자본, 수단, 노동 이외에도 정보, 아이디어 및 기술 등이 있다. 자본주의 사회에 있어서나 디지털 사이버 후기 자본주의 사회에 있어서나, 인간은 '최대 다수의 최대 행복◆'을 주장하면서 최대한의 욕망 충족을 행복으로 생각한다.

자본주의
생산 수단의 사유제 아래에서 상품 생산이 행해지는 경제 체제

생산관계
인간이 물질적 재화를 생산할 때 맺는 상호 관계로, 마르크스주의자들은 원시 공동체, 노예 제도, 봉건 제도, 자본주의, 사회주의의 다섯 가지 기본형이 존재한다고 주장한다.

최대 다수의 최대 행복
벤담을 중심으로 하는 19세기 영국 공리주의 철학의 기초 원리로, 행복은 최대 다수가 누려야 한다고 주장했다.

어떻게 보면 현대인은 궁극적인 문명의 상태에 도달해서 행복한 삶을 영위하고 있는 것처럼 보인다. 현대인은 가장 많이 가지려고 하고, 가장 높이 날려고 하며, 가장 빨리 달리려고 한다. 최첨단 전자 디지털 장비들이 개발되어 현대인은 수많은 질병으로부터 벗어나 건강하게 살 수 있다는 확신을 가지게 되었다. 또한 수시로 음악회와 전시회를 찾고 주말마다 교회나 사찰을 방문하며, 매일같이 쏟아져 나오는 온갖 책들을 접할 수 있고, 컴퓨터를 통해 전자책을 읽으면서 학문적 조예를 닦을 수 있다.

그렇지만 사회의 내면을 들여다보면 어떤 인간의 모습을 보게 되는가? 표면적으로는 고도로 발달한 문명이지만 그 속을 들여다보면 최첨단 문명과 세련된 기기들은 오직 인간의 물질적 욕망을 충족시

키기 위한 수단에 지나지 않음을 잘 알 수 있다.

문명이 고도로 발달할수록 인간은 물질적 욕망을 충족시킴으로써 쾌감을 느끼는 것이다. 그 결과 현대인은 소위 '인간다움'을 망각했을 뿐만 아니라 예술과 예술 작품의 본질인 아름다움도 상실해 버렸다. 따라서 현대인의 미적 태도는 변질된 것이다.

아름다움을 상실해서 더 이상 아름다움을 사랑할 줄 모르는 현대인은 가련하고 추하다. 현대의 실존 철학자들은 하나같이 인간성 상실을 역설했다. 실존 철학자들뿐만 아니라 대부분의 현대 철학자들은 인간성 소외◆를 철학에서 가장 중요한 주제로 삼았다.

> **인간성 소외**
> 인간이 본래 지닌 인간성을 상실하여 인간다운 삶을 잃고 비인간화되는 것

현대인은 물질적 욕망을 충족시키기 위한 수단에만 온갖 신경을 쏟기 때문에 예술의 본질을 망각하고, 따라서 아름다움에 대한 사랑마저 은폐시킬 수밖에 없다. 그래서 예술의 내용과 본질을 까맣게 잊어버리고 오로지 생활 수단으로써의 예술 작품만 소중히 여기며 예술의 실용적 측면을 중요시하는 경향이 있다. 물론 현대 사회가 과거의 어느 사회보다도 복잡한 것은 사실이다. 어쩌면 그래서 더더욱 순수한 예술이나 순수한 아름다움에 대한 사랑을 원하는지도 모른다.

예술이 왜 문화의 핵심 요소가 되는지, 예술적 아름다움과 인간의 미적 태도는 무엇인지, 아름다움에 대한 사랑은 어떤 것인지 등을 스스로 되물어 볼 때 예술에 대한 사랑을 되살릴 수 있을 것이다.

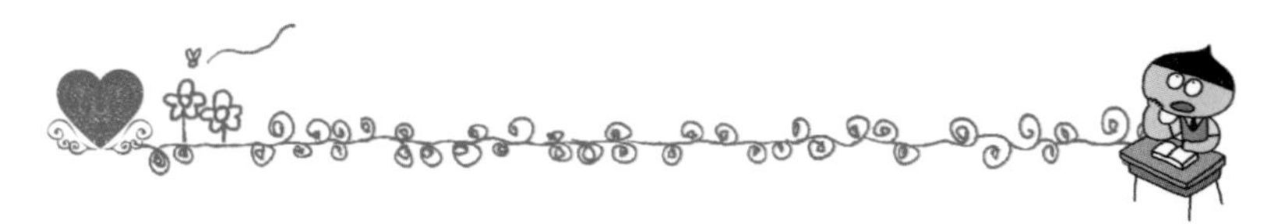

진정한 사랑과 욕심을 구분하기

우리는 건축과 조각, 그림을 사랑한다. 또 성악곡, 기악곡, 교향곡 그리고 오페라를 사랑한다. 또한 소설과 드라마와 시를 사랑한다. 연극과 뮤지컬과 영화를 사랑한다. 인간은 예술과 예술 작품을 사랑한다.

그런데 예술은 무엇일까? 니체 같은 철학자는 예술을 도덕, 철학 및 종교와 함께 문화를 구성하는 하나의 요소라고 보았다. 인간의 능력을 지(知), 정(情), 의(意)라고 할 경우, 인간의 문화는 인간 능력에 의해 형성된다. 인간의 능력들이 형성하는 영역들은 학문(철학), 예술 및 도덕과 종교다. 지성 작업은 학문의 영역을 개척함으로써 진리를 제시한다. 정서 작업은 예술 영역을 형성함으로써 아름다움을 보여 준다. 의지 작업은 도덕과 종교의 영역을 제시함으로써 선(善)이 무엇인지 알려 준다.

예술에 대한 사랑은 아름다움에 대한 사랑이다. 그런데 현대 사회에서는 미적 예술과 상업 예술을 구분하기 힘들다.

민수와 선생님의 대화를 들어 보자.

순수 예술
순수한 예술적 동기에 의해 창조된 예술. 예술의 절대적 독립성을 주장하며, 오로지 예술을 위해서만 있어야 한다는 예술 지상주의적인 예술

아도르노(1903~1969)
독일의 사회철학자로, 마르크스주의적 성격을 띤 근대 문명 비판을 특색으로 하는 프랑크푸르트학파의 대표적인 이론가

"선생님, 요새는 순수 예술◆과 상업 예술을 구분하기 힘들다는데 그게 맞는 말인 것 같아요. 그렇죠?"

"선생님도 동감한다. 현대 사회는 복합적이야. 따라서 학문, 예술, 종교, 도덕 등도 현대 사회에서는 매우 복잡한 양상을 띤단다. 선생님 생각에는 자본주의가 발달하면서 상업 예술도 함께 발달한 것 같아. 이건 전혀 다른 이야기이지만, 내가 아는 어떤 젊은 여성은 할머니 시중을 들면서 혼자서 빵과 케이크를 만들다가 블로그에 빵과 케이크에 관한 사진이랑 만드는 법 등을 올렸단다. 그런데 그 여성의 블로그에 접속하는 사람들이 꽤 많아지자, 어느 출판사에서 그 내용을 책으로 내자는 제안을 한 거야. 그렇게 해서 빵과 케이크에 관한 책이 출판되자 상당히 많이 팔렸고, 그 젊은 여성은 하루아침에 유명 인사가 되었다는구나."

"선생님, 아도르노◆라는 철학자는 예술도 사회적 사실이라고 했대요. 요리가 사회적 사실인 것처럼 예술도 사회적 사실이라는 거겠죠? 예술이란 인간의 사회적 활동 영역인데 이 영역의 핵심 요소는 예술의 아름다움과 인간의 미적 태도라고 말하면 너무 제한적으로 정의

를 내린 걸까요?"

"아니야. 민수가 아주 적절하게 말했다. 그런데 우리는 미적 예술과 상업 예술을 구분하지. 민수는 어떤 근거에서 사람들이 미적 예술과 상업 예술을 나누는지 생각해 봤니?"

"둘 다 인간의 사회적 활동인 것은 확실한데, 미적 예술과 상업 예술을 구분하는 정확한 근거는 잘 모르겠어요."

"민수야, 미적 예술과 상업 예술을 절대적으로 구분하는 일은 사실 불가능할 것 같구나. 아무리 순수한 예술 작품이라 해도 상업적 유용성이 있을 테니까 말이다. 그리고 자동차나 텔레비전과 같은 생활용품은 전적으로 상업 예술 작품에 속한다고 해도 디자인만 본다면 자동차나 텔레비전 역시 미적 예술 측면이 있는 것이 사실이잖니? 현대 사회에서 예술의 성격은 복합적이어서 미적 예술과 상업 예술이 명확하게 구분되지는 않는구나.

그렇지만 상업 예술의 핵심은 주로 상업적 실용성에 있고 부차적으로 미적 동기를 가지고 있다고 볼 수 있지. 그런가 하면 미적 예술의 핵심은 어디까지나 미적 동기이고, 상업적 실용성은 부차적이라고 말할 수 있단다."

"그러면 이렇게 말할 수 있을까요? 미적 예술과 상업 예술은 모두 미적 동기를 기본으로 가지고 있기 때문에 예술이라고 할 수 있다고요. 단지 두 가지가 구분되는 것은 상업적 실용성을 얼마만큼 더 많이 가지고 있느냐에 따른다. 제 말이 맞나요?"

"그래, 민수 말이 맞아. 우리는 그림이, 음악이 아름답기 때문에 사랑한다고 말할 수 있어. 그런가 하면 성당 건물이, 유리잔이 아름답기 때문에 그것들을 사랑한다고 말할 수 있단다. 심지어는 자동차가 아름다워서 사랑하기도 하고 말이다. 만일 어떤 사람이 '나는 이 자동차가 비싸기 때문에 사려고 해'라고 말한다면, 이 경우에 사랑은 진정한 사랑이 아니고 욕심에 지나지 않는 거지."

"선생님, 예술적 사랑은 예술과 예술 작품에 대한 사랑이고 그것은 결국 아름다움에 대한 사랑이죠? 그러니까 자연에 대한 사랑, 인간 사이의 사랑 그리고 예술에 대한 사랑은 모두 예술적 사랑의 범주에 든다고 봐도 되겠네요?"

"예술적 사랑을 인간적 사랑과 똑같이 보면 그렇게 볼 수 있지. 그러면 철학적 사랑과 종교적 사랑에 대한 정의도 알아봐야겠지. 다음에는 그것들에 대해서도 한번 이야기해 보자꾸나."

"네, 선생님. 그런데 예술은 어떻게 구분되나요? 예술은 매체에 따라 구분되는 거죠?"

"그렇지. 예술 창작의 매체들에 의해서 예술은 시각 예술, 청각 예술, 상징 예술, 종합 예술 등으로 구분된단다. 미술, 음악, 문학, 연극과 영화 등이 예술의 장르에 해당돼. 미술은 형태와 색깔의 조화로, 음악은 음의 빛깔로 우리의 미적 상상을 자극해. 한편 단어들은 의미, 곧 상징을 담고 있고, 따라서 단어들에 의해서 성립하는 문학은 상징 예술이란다. 또 오페라, 연극, 뮤지컬, 영화 등은 종합적인 예술에 해당하지."

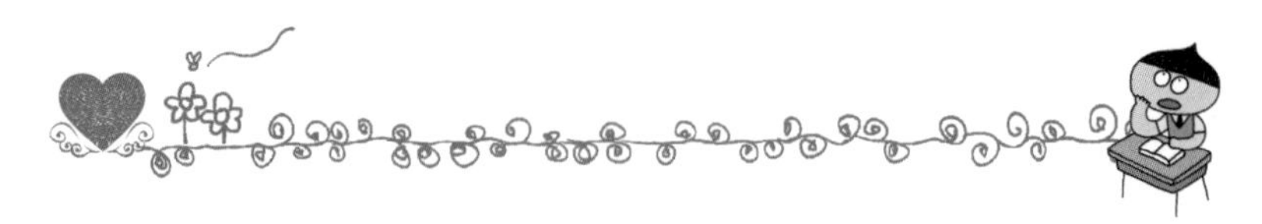

헌신적으로 사랑하게 되는 이유

사랑을 일반적으로 인간적 사랑(에로스), 지혜에 대한 사랑(필리아), 종교적 사랑(아가페)으로 나눈다. 지혜에 대한 사랑은 학문적 사랑인 동시에 철학적 사랑이다.

일생을 학문이 좋아서 학문 탐구에 매달린 사람들을 많이 볼 수 있다. 독일 철학자 칸트 같은 사람이 지혜에 대한 사랑의 대표적인 예다. 칸트는 일생 동안 자신이 태어난 쾨니히스베르크를 한 번도 떠나지 않고 철학적 진리 탐구에 매진했다. 아인슈타인이나 프로이트 같은 사상가들도 학문적 진리를 사랑했기 때문에 전 생애를 학문 연구에 바친 것이다.

그런가 하면 또한 많은 사람들이 종교적 사랑에 몸을 바친다. 예컨대 테레사 수녀의 행동은 가장 전형적인 종교적 사랑이다. 자기 자신

을 전혀 돌보지 않고 오로지 신앙 생활 속에서 가난하고 병든 사람들을 위해 자신의 삶을 바치는 행위야말로 종교적 사랑의 절정이다. 떠들썩하게 이름을 내세우지 않으면서 오른손이 하는 일을 왼손이 모르게끔 종교적 사랑과 신앙을 가지고 희생과 헌신에 삶을 바치는 사람들도 많다.

지혜에 대한 사랑은 인간적인 아름다움에 대한 사랑보다 한층 더 성숙한 사랑일 것이다. 또한 종교적 사랑은 지혜에 대한 사랑보다 그 폭과 깊이가 한층 더 성숙한 사랑일 것이다.

이제, 예술 작품의 생명은 어떤 것이기에 우리가 예술과 예술 작품의 아름다움을 사랑하는지를 살펴보자. 넓게 보면 에로스, 필리아, 아가페 모두 인간적인 사랑이다. 그러나 앞에서 잠시 살펴본 것처럼 세 가지 사랑을 나눠 보면 각각의 사랑은 독자적인 특징이 있다. 필리아와 아가페에 관해서는 이미 앞에서 살펴보았고 앞으로도 여러 가지 관점에서 살펴볼 것이다.

에로스는 성적인 사랑이면서 동시에 인간적인 사랑이다. 우선 남녀 간의 성적 사랑이 에로스다. 성적 사랑은 격정에 불탄다. 그러나 에로스에도 충동적인 것과 성숙한 것이 있다. 일반적인 남녀 간의 에로스는 다분히 충동적인 에로스인 데 비해, 플라톤의 대화편 「잔치」에 등장하는 에로스는 성숙한 에로스다. 성숙한 에로스는 격정을 벗어나 안정을 추구한다. 성숙한 에로스는 무지에서 해방되어 지혜를 찾으려고 하며, 궁핍을 벗어나 풍요로움을 쟁취하려 한다. 에로스는 남녀 간의 사랑뿐만 아니라 친구 간의 우정, 형제애, 모성애 등까지도 포함한다. 예술적 아름다움에 대한 사랑 역시 에로스라고 할 수 있다. 이미 앞에서 언급한 것처럼 키르케고르는 실존 단계를 미적 실존, 윤리적 실존, 종교적 실존 등 세 단계로 구분하면서 세 단계 중에서 가장 초보적 단계를 미적 실존이라고 했다. 키르케고르가 보기에 아름다움을 추구하는 단계는 성적 쾌감을 갈망하는 단계이므로 미적 실존은 세 단계의 실존 중 가장 낮은 단계다.

예술 작품은 무의미하고 무가치한 것이 아니라 의미와 가치가 있기 때문에 우리는 예술 작품을 사랑한다. 예술 작품은 고유한 가치가 있으므로 문화를 형성하는 예술로서 의미가 있다. 예술 작품은 감각적 가치, 형식적 가치 및 삶의 가치가 있다.

현상의 지각적 대상이 표현되는 것에서 우리가 얻는 미적 가치가 바로 감각적 가치다. 산, 하늘, 바다 등은 자연의 감각적 가치를 우리에게 제시한다. 그런가 하면 예술 작품의 조직, 색깔, 음조 등은 우리에게 예술의 감각적 가치를 제공한다. 예술 작품의 감각적 가치는 예술 작품의 아름다움이 지니고 있는 감각적인 미적 가치다.

예술 작품에서 감각적 가치 말고도 형식적 가치를 발견하는데, 형식적 가치는 감각적 가치를 포함한다. 예술 작품의 조직, 음조, 색깔 등의 연속적 관계는 감각적 가치를 포함하면서 주의를 끈다. 예술 작품에 있어서 부분과 전체의 관계인 동시에, 예술 작품 전체의 구조인 것이 예술의 형식이다.

예술 및 예술 작품은 감각적 가치와 형식적 가치 외에도 삶의 가치, 곧 생명의 가치가 있다. 예술의 형식적 가치는 그 자체에 의해서가 아니라 예술 형식의 원리를 통해 성립한다. 형식의 원리는 유기적 통일이다. 유기적 통일이란 생명력을 가진 통일을 말한다. 예술 작품은 통일된 대상이다. 한 폭의 그림, 한 편의 시는 물론이고 성악곡이나 기악곡도 모두 하나의 생명체로서 그 안에 수많은 요소들을 포함하고 있다. 각각의 요소들만 보면 무질서와 혼돈이 지배하는 것처럼 보이지만, 전체로서의 한 편의 시를 보면 살아 있는 통일체다. 예술 작품에서 무질서하고 혼돈스러운 각각의 요소들이 질서를 유지하며 상호 의존할 수 있는 것은 생명력을 가진 형식의 원리가 있기 때문이다.

궁극적으로 예술은 유기적이며 조화로운, 생명력 있는 통일의 아름다움을 우리에게 제공하기 때문에 우리는 예술의 아름다움을 사랑하는 것이다. 인간은 아름다움을 사랑하고 지혜를 사랑하며 더 나아가서는 숭고한 절대자를 사랑한다.

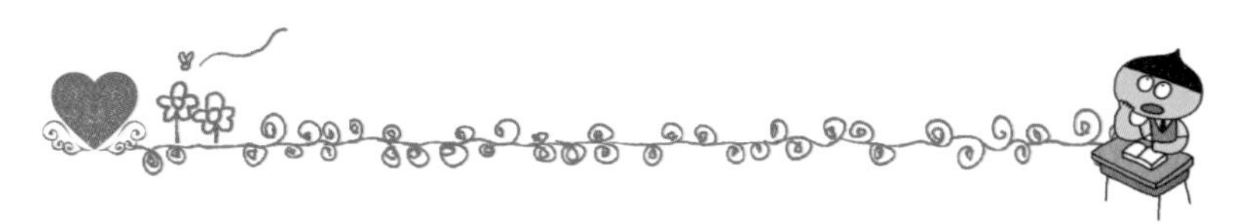

가치를 찾는 도중에도 사랑에 빠질 수 있다

미적 태도란 예술 내지 예술 작품의 아름다움에 대한 사랑이다. 우리는 예술 작품을 창작하면서, 그리고 예술 작품을 감상하면서 쾌감을 느낀다. 왜 쾌감을 느끼는가? 예술 작품이 아름답기 때문이다. 몇몇 사상가들의 예술관을 살펴보면서 미적 태도가 무엇인지 알아보자.

우리가 예술 작품의 아름다움을 사랑하는 이유는 예술 작품의 가치를 지각하기 때문이다. 우리는 예술 작품의 감각적 가치, 예술적 가치 그리고 생명의 가치 등을 지각하고 사랑하는데, 여기서 가치라고 하는 것은 다름 아닌 아름다움이다. 결국 예술 작품의 아름다움은 인간의 미적 태도와 관련을 맺으면서 의미를 가지게 된다.

플라톤은 '예술은 모방의 모방'이라고 하면서 예술 그리고 예술에 대한 사랑을 낮게 평가했다. 플라톤에 의하면 우리가 살아가는 자연 세계는 변화무쌍하기 때문에 마치 그림자와 같다. 플라톤은 그림자와 같은 현실 세계를 존재하게 하는 영원불변의 원형(原型) 세계, 곧 이데아계(界)가 있다고 했다. 그런데 예술은 자연의 모방이고, 자연 세계는 이데아계의 모방이므로, 예술은 모방을 모방한 것이라는 뜻이다. 그리고 자연 세계는 이데아계와 거리가 있으므로 진리와 멀고, 예술은 자연계의 모방이므로 더욱더 진리와 멀어지기 때문에, 플라톤은 예술이 청소년들의 교육에 해가 된다고 했다. 그러나 예술 중에서 음악은 수학에 가깝기 때문에 음악만은 청소년의 교육에 가치가 있다고 했다.

예술 작품에 대한 우리의 미적 태도에 관해 본격적으로 논의를 시작한 것은 플라톤의 제자 아리스토텔레스다. 아리스토텔레스는 미학◆ 또는 예술 철학의 시조다. 플라톤은 "모방적 예술은 분명히 진리와는 거리가 멀다"고 했다. 아리스토텔레스는 스승 플라톤의 모방 이론을 받아들이기는 했으나, 예술을 진리와 거리가 멀다고 본 것이 아니라 진리와 가까운 철학적인 것으로 보았다. 아리스토텔레스는 "시인의 기능은 발생한 일을 기술하는 것이 아니라 일어날 수 있는 일, 즉 개연적이거나 필연적으로 가능한 일을 기술하는 것이다"라고 말했다. 아리스토텔레스는 시, 곧 예술을 역사보다 철학적이라고 했다. 역사적 진술의 본성은 우연적 개별에 있는 데 비해서 시적(예술적) 진술의 본성은 보편에 있기 때문이다.

미학
자연이나 인생 및 예술 등에 담긴 미의 본질과 구조를 해명하는 학문 아리스토텔레스는 『시학』에서 기예(테크네)를 기술과 예술 두 가지로 나누었다. 기예는 자연 대상을 완성하든가, 아니면 자연 대상을 모방한다. 아리스토텔레스는 "실로 일반적인 명제로서 기예는 자연을 기초로 하여 사물들을 발전시키거나, 아니면 자연을 모방한다"고 말했다.

우리는 사물들을 실용적으로 가공해서 도구나 기구를 만드는데, 이것은 기술의 영역에 속한다. 다른 한편으로 자연을 모방하는데, 이 경우 미적 상상력에 의해 예술 작품을 창작하며 이를 감상한다. 이렇게 예술 작품을 창작하거나 감상하는 모든 태도는 바로 미적 태도다.

아리스토텔레스는 예술의 기원을 모방(미메시스)과 모방하는 기쁨에 있다고 말한다. 그는 "예술의 일반적 기원이 인간의 본성 중 두 가지 원인에서 기인한다는 것은 명백하다. 모방은 어린 시절부터 인간에게 자연적이며, 하등동물보다 월등한 인간의 장점 중 하나는 인간이 세계에서 가장 모방적인 피조물이므로 모방에 의해 처음으로 배운다는 것이다"라고 말했다. 그리고 "또한 모든 사람들이 모방 작품을 보고 기뻐하는 것은 자연스럽다"라고 했다. 자연의 모방에서 배우고 또 모방 작품에서 기쁨을 느끼는 것이 아리스토텔레스가 지적한 미적 태도다.

독일의 관념 철학자 헤겔은 신적인 절대 정신이 자연, 예술, 종교, 철학 등을 통해 자기 자신을 변증법적으로 전개한다고 했다. 변증법이란 부정의 부정을 통해서 합을 이루는 존재 논리다. 예컨대 씨앗이 자신을 부정해서 싹이 되고, 싹이 또 자신을 부정해서 잎과 꽃이 되고, 결국 꽃이 자기 자신을 부정함으로써 씨앗이 완성되는 고리를 가리켜 변증법적 과정이라고 할 수 있다. 헤겔에 있어서 예술과 미적 태도는 절대 정신의 초보 과정에 속하므로 그것들은 종교와 철학의 단계로 발전되지 않으면 안 되는 미성숙한 단계다. 헤겔은 예술을 문화의 요소로 본 것이 아니라 절대 정신으로 발전하는 단계로 보았다.

현대의 실존 철학자 키르케고르는 세 단계의 실존을 말했다. 그것들은 미적 실존, 윤리적 실존, 종교적 실존이다. 미적 실존은 윤리적 실존으로 비약하지 않으면 안 되고, 윤리적 실존은 종교적 실존으로 비약하지 않으면 안 된다. 남녀의 사랑은 성적 쾌감을 추구하는 미적 실존의 특징이다. 실존이란 자신의 삶을 결단하는 구체적인 인간 존재다. 성적 쾌감은 순간적이므로 구원이 불가능하다. 윤리적 실존으로 비약하면 구원이 가능한 것처럼 보인다. 결혼해서 가족을 이루고 협력하더라도 곧 권태가 뒤따르고, 여기에서 구원은 불가능하다. 종교적 실존으로 비약해서 전지전능한 신의 계시를 받아들일 때 인간의 구원이 가능하다는 것이 키르케고르의 주장이다. 키르케고르의 미적 태도는 헤겔의 미적 태도와 마찬가지로 낮은 단계의 것이다.

그러나 현대에 들어와서 아도르노, 벤야민◆, 리오타르◆와 같은 철학자들은 인간의 순수한 미적 태도를 찾으려 하는 동시에 순수한 예술성도 함께 찾으려고 했다.

벤야민(1892~1940)
유대계 독일 평론가로, 형이상학 요소를 사적 유물론과 결합시킨 사상가이기도 하다. 당시의 현상학과 대조적인 사상을 주장했다. 나치스에 쫓겨 망명하다가 자살했다.

리오타르(1924~1998)
프랑스 철학자이자 미학자로, 현상학으로 출발했지만 마르크스, 니체, 프로이트를 종합하며 새로운 철학을 구상하다가 포스트모던에 불을 붙였다.

생각해 볼 문제

❶ 여러 가지 아름다움을 생각해 보고 아름다움이란 무엇인지 정의해 보자. 그중 형식미와 숭고미는 어떻게 다른가?

❷ 아무런 이해관계를 갖지 않은 미적 태도는 어떤 경우에 성립하는지 이야기해 보자.

❸ 물질 만능 주의와 황금만능주의에 물든 현대인이 예술 및 예술 작품을 대하는 태도는 구체적으로 어떠한가?

❹ 미적 예술과 상업 예술의 예를 들어 보고 두 가지를 어떻게 구분할 수 있는지에 관해서 토론해 보자.

❺ 예술 작품은 감각적 가치, 형식적 가치 및 생명(삶)의 가치가 있다. 각각의 가치는 어떤 것인지, 그리고 이들 세 가지의 가치는 서로 어떤 관계인지 설명해 보자.

❻ 플라톤과 아리스토텔레스의 예술관을 비교해 보자.

7장

사랑에도 정답이 있을까

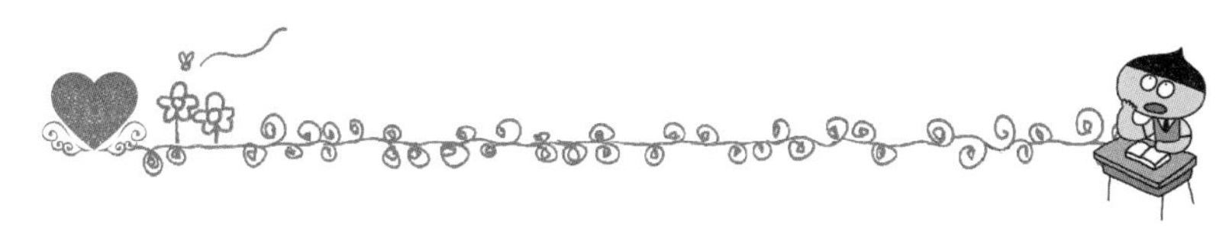

환상 속 사랑과 현실의 씁쓸함

실존 철학자 키르케고르는 참다운 인간 존재로서의 실존을 세 단계로 구분했는데, 미적 실존, 윤리적 실존, 종교적 실존 등이다. 미적 실존은 육체의 아름다움과 관능적 쾌락을 추구하는 청춘남녀의 실존이다. 윤리적 실존은 결혼해서 가정을 형성한 부부로서의 실존이다. 종교적 실존은 전지전능한 신을 신앙하는 실존이다.

진아와 선생님의 대화를 통해 키르케고르의 실존에 대해 알아보자.

"선생님, 키르케고르는 덴마크의 실존 철학자잖아요. 제 생각으로는, 그가 말한 미적 실존, 윤리적 실존, 종교적 실존은 그 자신이 직접 체험한 인간 존재인 것 같아요. 안 그런가요?"

"진아야, 키르케고르는 실존 철학자이면서도 대학에서 신학을 전공한 목사였단다. 전하는 말에 의하면 키르케고르는 길에서 선교를 하다가 마흔두 살의 젊은 나이에 죽었다는구나. 진아 말대로 미적 실존, 윤리적 실존, 종교적 실존은 자신의 체험을 근거로 한 거라고 말할 수 있어. 그런데 세계의 실존이 각각 무엇을 말하는지 정확히 알고 있니?"

"불완전한 인간 존재로부터 완전한 인간 존재로 비약하는 단계라는 것 정도만 알아요. 확실히는 모르겠어요."

"미적 실존이란 아름다운 존재라는 뜻이란다. 아름다운 존재는 무엇을 가져다주지?"

"쾌감이요."

"맞아. 청춘 남녀가 사랑에 빠지면 제 눈에 안경이라고 '아흔아홉 곰보도 모두 보조개로 보인다'는 말이 있어. 짝사랑에 빠지면 열병에 걸리잖니? 청춘 남녀의 사랑은 아름다움에서 쾌락을 얻으려고 하고 쾌감이 충족되는 순간 권태를 느낄 수밖에 없단다. 청춘 남녀는 상대방의 아름다운 신체로부터 성적 쾌감을 맛보지만 그 순간마다 권태의 늪에 빠진단다."

"그래서 권태에서 벗어나기 위해 결혼해서 책임과 의무를 짊어지는 윤리적 실존 단계로 비약한 거죠?"

"그래, 바로 그렇단다. 일단 결혼하면 남녀는 안정된 가정을 이끌어갈 수 있고 자식들을 출산해서 가족들이 서로 사랑하고 협력하는 윤리적 실존으로 비약할 수 있지."

"하지만 결혼한다고 해서 삶의 무수한 문제들이 모두 해결되는 것

은 아니잖아요. 부부 간의 불화와 갈등이 얼마나 많아요? 그뿐인가요? 부모와 자식 사이에도 무수히 많은 문제들이 있어요. 가정생활은 인내의 연속이며 끊임없는 절망과 좌절의 사슬이 이어지는 것 같아요. 아! 그래서 키르케고르는 윤리적 실존을 극복하고 종교적 실존으로 비약할 것을 외쳤군요?"

"그래. 맞아. 키르케고르도 남녀 간의 짜릿한 관능적이고 성적인 쾌락을 잘 알고 있었을 거야. 진아야, 키르케고르가 레기네 올젠과 약혼했다가 파혼한 사실을 아니?"

"어디선가 읽은 기억이 나요. 키르케고르는 약혼한 다음에 엄청나게 고민을 많이 했다고요. 자기 자신의 삶도 제대로 이끌어 가지 못하는 주제에 장차 결혼하면 또 한 사람의 인간을 과연 책임질 수 있을지 매우 불안해 했대요. 어디 그뿐이겠어요? 자식이라도 생기면 자식까지도 책임질 생각으로 끔찍했을 거예요. 그래서 키르케고르는 파혼을 선언하고 독일로 철학을 공부하러 떠났다면서요?"

"잘 알고 있구나. 좀 더 자세히 이야기해 주마. 키르케고르는 대학에서 신학을 공부하고 이미 목사 안수를 받았어. 키르케고르의 머릿속에는 어떻게 하면 불안하고 죄 지은 인간이 구원받음으로써 참다운 인간 존재가 될 수 있을까 하는 문제가 떠나지 않았지. 남녀 간의 육체적 사랑으로 대면되는 미적 실존은 인간의 구원과는 거리가 멀었어. 미적 실존으로부터 비약한 윤리적 실존은 결혼 생활에서 서로 배려하고 협력하는 인간 존재인데, 윤리적 실존에서도 확실한 인간의 구원은 불가능하다는 것이 키르케고르의 생각이었지. 그래서 키르케고르는 약혼녀 레기네 올젠에게 파혼을 선언한 거야."

"정말 보통 사람은 아니었네요. 보통 사람 같으면 남녀의 관능적이며 성적인 쾌감을 계속해서 추구하고, 당신이 이 세상에서 최고라고 말로나마 아부하고 결혼을 유지하면서 자식을 출산할 텐데, 인간의 확고한 구원과 실존을 위해 파혼까지 한다는 것은 쉬운 일이 아니잖아요?"

"키르케고르는 『이것이냐 저것이냐』라는 책에서 '사랑하고 결혼해 보아라. 그러면 불행할 것이다. 남녀가 서로 맞지 않고 갈등하는 일이 너무 많으므로 불행할 것이다. 결혼하지 말고 혼자 살아 보아라. 역시 불행할 것이다. 외롭고 병들었을 때 옆에 사랑하는 사람이 없으므로 불행할 것이다' 라고 했단다. 결국 미적 실존이나 윤리적 실존에 있어서 인간의 삶은 불안하며 불행하다는 거지."

스피노자(1632~1677)
네덜란드의 유대계 철학자로, 데카르트의 합리주의에 입각하여 물심 평행론과 범신론을 제창했다.

"선생님, 그래도 관능적이며 성적인 사랑은 어떻게 가꾸느냐에 따라서는 귀하고 소중한 것이 아닐까요? 남녀가 서로 끔찍이 위하면서 성관계를 통해 쾌감을 느낄 뿐만 아니라 서로의 삶을 고양시킬 수 있다면 관능적인 사랑도 가치 있는 것 아닐까요?"

"진아야, 이 세상에서 '가치 있는 모든 것은 드물고 힘들다'라고 스피노자◆는 말했단다. 가치 있는 사랑 역시 드물고 힘든 게 사실이야. 관능적이며 성적인 사랑은 사랑하는 남녀가 서로를 인격체로 존중하면서 끊임없이 그 사랑을 가꾸어 나갈 때 비로소 가치 있는 사랑으로 고양될 수 있겠지."

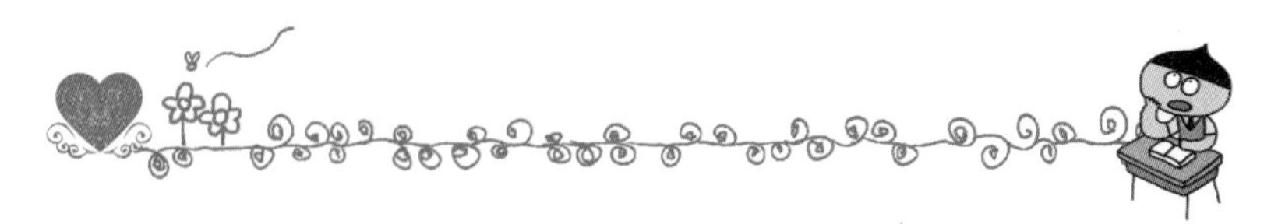

철학적 관점에서 바라보는 사랑

그리스어로 에로스, 필리아, 아가페는 모두 사랑을 뜻한다. 그러나 에로스는 관능적 사랑을 의미하고, 필리아는 우정이나 이웃 사랑을, 그리고 아가페는 종교적 사랑을 의미한다.

에로스, 필리아, 아가페에 대한 민수와 선생님의 대화를 살펴보자.

"선생님, 에로스에 관해서는 특별한 보충 설명이 없어도 누구나 잘 알 거예요. 에로틱한 영화나 에로틱한 소설이라고 하면 관능적이며 음란한 영화나 소설을 말하는 거잖아요. 여기에서 '에로틱'이란 '오직 관능적 쾌락에만 연관된'이라는 뜻으로 봐도 될까요?"

"아무렴. 만약에 영화나 소설, 만화 등이 오직 관능적 쾌락만 추구한다면 사회 윤리가 붕괴되고 인간으로서 지켜야 할 도덕 기준이 무너져 버리게 되지. 인간은 본능적으로 관능적 쾌감을 충족시키려 해. 그렇지만 사회 윤리의 틀 안에서 관능적 쾌감을 충족시켜야 하는 것이 인간의 의무이기도 하단다. 권리와 의무는 동전의 양면이라는 말 알지?"

"그러면 에로스의 방향을 제시하고 에로스를 고양시키는 것은 필리아라고 봐도 될까요?"

"그렇게 말할 수 있는 근거가 뭐라고 생각하니?"

"만일 인간이 이성 능력이 없고 다른 동물들과 똑같다면 인간은 본능적인 사랑만 느낄 거예요. 그러면 본능적 사랑을 통해 오로지 관능적이고 성적인 쾌락만 추구하겠지요. 그러나 인간은 역사적이고 문화적인 존재인 동시에 사회적인 존재잖아요."

"민수 말은 결국 인간의 사랑은 다양하다는 거구나?"

"맞아요, 선생님. 인간의 사랑은 본능적인 것 외에도 필리아와 아가페가 있잖아요."

"민수야, 우리는 에로스를 보통 남녀의 성적 사랑으로 알고 있지만, 플라톤과 같은 철학자는 진리나 지혜에 대한 사랑도 에로스라고 했단다."

"예, 플라톤은 에로스를 남녀 간의 사랑으로 보는 동시에 지혜를 추구하는 학문적인 사랑으로 봤다고 알고 있어요. 그런데 저는 아리스토텔레스의 입장에 동의해요. 제가 보기에 아리스토텔레스는 필리아(우정 또는 이웃 사랑)를 에로스보다 넓은 의미의 사랑으로 본 것 같거든요. 인간이 격정적인 에로스를 조절할 수 있는 것은 사회적인 사랑인 필리아 덕분인 것 같아요."

"그 이유가 구체적으로 뭘까?"

"아리스토텔레스는 필리아를 이웃 사랑이라고 했어요. 그러니까 필리아는 넓은 의미에서 사회적인 사랑이죠. 제가 보기에 에로스는 관능적이고 성적인 사랑이니까, 그것은 주관적인 사랑이에요. 그런데 필리아는 사회적이고 객관적인 사랑이니까, 보편적인 사랑이지요. 즉, 필리아는 주관적인 에로스에 객관적인 방향을 제시하는 보편적인 사랑이라는 거죠."

"이제 보니 민수가 어른이 다 되었구나. 결국 에로스는 덜 익은 사랑이고 그에 비해 필리아는 성숙한 사랑이라는 말이지? 그럼 민수야, 필로소피아에 대해서는 어떻게 생각하니?"

"선생님, 저는 필로소피아를 일종의 필리아로 보고 싶어요. 필로소피아(philosophia)는 '사랑하다' 또는 '벗으로 삼다'라는 뜻인 필레인(philein)과 '지혜'를 뜻하는 소피아(sophia)가 합쳐진 말로 우리가 철학이라고 부르는 것인데, 원래의 뜻은 지혜에 대한 사랑이라고 알고 있어요. 필레인은 이웃 사랑인데 이웃 사랑의 원천은 지혜에 대한 사랑이 아닐까요?"

"선생님도 민수 생각에 전적으로 동의한단다. 지혜에 대한 사랑은 진리에 대한 사랑인 동시에 철학적 사랑이라 할 수 있지."

"그럼 철학적 사랑을 키르케고르가 말한 윤리적 실존에 해당한다고 봐도 될까요?"

"그렇게 볼 수도 있지. 성적 쾌락의 단계인 미적 실존으로부터 비약한 단계가 윤리적 실존이니까 말이야. 그러나 또 어떻게 보면 철학적 사랑이란 윤리적 실존으로부터 종교적 실존으로 비약하는 중간 단계라고 봐도 좋겠구나. 입장에 따라서는 키르케고르의 종교적 실존을 철학적 사랑이라고 볼 수도 있을 거야."

"선생님, 그건 철학적 사랑이 지혜에 대한 사랑이기 때문이죠? 그리고 키르케고르의 종교적 실존은 지혜로운 실존이고요."

"바로 말했어. 그렇지만 민수야, 에로스와 필리아와 아가페는 따로 떨어진 별개의 것이 아니란다. 인간의 아름다움은 에로스에 발을 담그고 있으면서도 에로스를 극복하고 필리아를 고양하는 데 있어. 또한 인간 삶의 숭고함은 필리아에 묶여 있으면서도 끊임없이 아가페를 추구하는 데 있단다."

인간의 위대함은 인간 자신이 스스로의 삶에서 에로스를 필리아로 승화시키고 더 나아가 필리아를 아가페로 고양시키는 데 있다. 만일 인간의 삶에서 사랑의 승화가 없다면 인간과 동물은 차이가 없을 것이다.

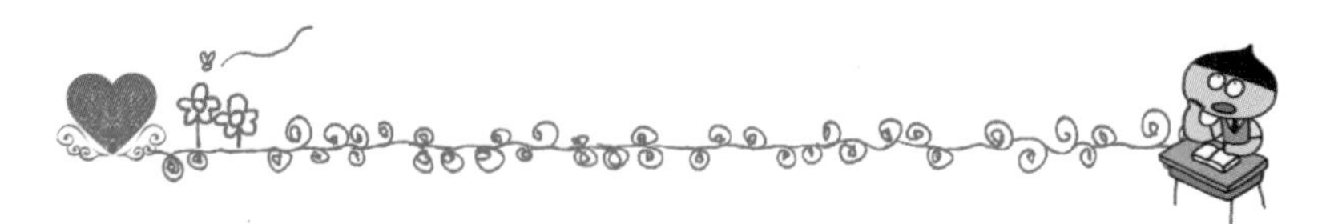

원시 시대에도 사랑의 방식이 있었다

독일 철학자 헤겔은 종교의 발달 과정을 논의하면서 종교를 자연 종교, 민족 종교 및 세계 종교로 구분했다. 우리는 불교는 처음부터 불교였을 것이고 기독교는 처음부터 기독교였을 것이라고 생각하며 특정 종교의 역사를 의심하지 않는 경향이 있다.

역사적으로 보면 문화의 요소들은 모두 원시 상태로부터 발달 과정을 거쳐서 오늘날과 같은 형태를 띠게 되었다. 문화를 구성하는 대표적 요소들인 학문(철학), 도덕, 예술, 종교 등은 최초의 자연적 원시 상태로부터 현대의 다양한 모습으로 변화했다. 예컨대 불교는 힌두교로부터 발달했는데, 힌두교의 기원은 물론 원시 종교다. 기독교의 시원은 유대교이고 유대교의 원천 역시 자연적 원시 종교다.

헤겔이 말한 자연 종교는 원시 종교이며, 민족 종교는 예술 종교에 해당하고, 세계 종교는 계시 종교에 해당한다. 역사의 발달 과정에 있어서 인간은 자신의 능력을 최대한 발휘하여 능력에 해당하는 문화의 요소들을 형성하고 발전시켜 왔다. 인간의 대표적인 세 가지 능력은 지성, 정서, 의지다. 인간은 지성에 의해 이론적 학문(철학을 포함)을, 정서에 의해서는 예술을, 의지에 의해서는 도덕과 종교의 영역을 발달시켜 왔다.

학문과 예술과 도덕과 종교는 하나의 문화 안에서 서로 깊은 영향을 주고받으면서 각각 독특한 문화 요소로 발달했다. 예컨대 고려 시대의 불교는 당시의 학문, 예술 및 도덕과 서로 영향을 주고받으며 전개되었다. 그런가 하면 조선 시대의 유교 역시 당시의 학문, 예술, 도덕과 서로 영향을 주고받으며 발달했다.

세계 종교는 계시 종교라고도 하며 종교 중 가장 발달한 형태다. 기독교, 불교, 이슬람교, 유교 등은 세계 종교에 속한다. 유대교와 같은 종교는 민족 종교에 해당한다. 샤머니즘◆ 및 이와 유사한 것들은 자연 종교에 해당한다. 계시 종교의 목적은 인간의 구원 내지 신성(神性)과의 합일이다. 다시 말해서 계시 종교의 사랑은 아가페다. 아가페는 다양한 의미가 있는데, 박애, 종교적 사랑, 신적 사랑, 인류애 등이다. 그러므로 아가페의 내용은 인간의 구원 내지 신성과의 합일이다.

원시 종교(자연 종교)의 사랑은 어떤 특징이 있는가? 마나◆, 오렌다◆, 샤머니즘, 주물 숭배(呪物崇拜), 마법 등은 원시 종교의 형태다. 멜라네시아인들의 마나와 이로쿠와인들의 오렌다는 인간과 자연을

샤머니즘
샤먼(무당)을 중심으로 하는 주술이나 종교로 주로 동북아시아에 존재하여 온 자연 종교이다.

마나
멜라네시아를 비롯한 태평양 여러 섬의 민족에서 볼 수 있는 초자연적인 힘으로, 인간이나 물체 따위에 깃들어 있고 붙거나 옮겨 다니며 사람들에게 공포의 감정을 일으킨다.

오렌다
캐나다 온타리오 주에 살던 원주민 휴론 족의 신앙으로, 알곤킨 어족의 토속어인 마니투와 비슷한 관념이다. 마니투는 아메리카 인디언들 사이에서 일종의 초자연적 힘으로 신봉된다.

지배하는 힘이다. 마나 또는 오렌다는 부족의 특정 인물만이 갖는 사랑의 힘이다. 마나나 오렌다는 인간과 자연을 조화롭게 하는 동시에 풍요롭게 한다.

샤머니즘은 한국, 시베리아, 일본 등 동북아시아에 넓게 퍼져 있으며, 마나, 오렌다와 유사한 원시 종교의 한 형태다. 무당(샤먼)은 종교적 사랑의 힘이라는 신성한 본질을 가지고 그것을 타인들에게 나누어 준다. 신들린 주술자(呪術者)로서 무당은 신령을 대신해서 악과 재앙을 물리치고 행복과 안녕을 가져다준다는 것이 샤머니즘의 핵심 내용이다.

무당은 제사(굿)를 집행하고 앞날의 길흉화복(吉凶禍福)을 예언하며 질병을 치료하는 역할을 담당한다. 무당이 흥에 겨워 삼일 굿이나 칠일 굿을 할 때 마을 사람들은 흥겨운 굿거리장단에 함께 참여한다. 굿은 무당, 관중(마을 사람들), 초월적 신병 등 세 가지 요소에 의해 성립한다.

샤머니즘은 원시 종교의 가장 전형적인 형태다. 선한 귀신과 악한 귀신은 샤머니즘에 등장하는 신령들이다. 선한 귀신은 인간과 자연을 사랑하며 행복과 길함을 가져다주고, 악귀는 인간과 자연을 증오하며 파괴와 손해를 가져다준다. 무당은 선한 귀신과 악귀를 모두 사랑으로 대한다. 무당은 선한 귀신에게는 선을 베풀게 하고, 악귀에게는 악행을 하지 않기를 부탁한다. 무당은 서낭당◆을 만들어서 선한 귀신을 부르기도 하고, 악주술(惡呪術)을 읊으면서 악령이 물러가게

하기도 한다.

샤머니즘의 사랑을 성숙하지 못한 원시적 자연 종교의 사랑이라고 하는 이유는 다음의 네 가지다. 첫째, 무당은 초인적 신령들과 합일하는데 신령들은 매우 우연적인 다신적(多神的) 성격을 띠고 있다. 예컨대 어떤 무당은 맥아더 장군이나 이순신 장군을 신령으로 모신다. 그렇기에 샤머니즘에는 세계 원리에 대한 근본적 명상이 없다. 둘째, 샤머니즘은 물활론적(物活論

서낭당
마을 어귀나 고갯마루에 원추형으로 쌓아 놓은 돌무더기 형태로, 마을의 수호신인 서낭을 모셔 놓은 신당을 말한다.

的)이다. 샤머니즘은 구체적 자연 대상들, 예컨대 태양, 달, 산, 바위, 강, 짐승 등에도 초자연적 힘이 있다고 믿는 것이다. 셋째, 샤머니즘은 특정한 부족이나 집단의 이익 내지 구원만을 중시한다. 인류애나 우주적 사랑과 같은 보편적 사랑이 결여되어 있다. 넷째, 샤머니즘은 현실적인 길흉화복의 문제에만 관심을 기울인다. 또한 샤머니즘은 질병 치료와 같은 현실 문제만 염두에 두고 인간이나 우주의 본질에 대해서는 아직 눈을 뜨지 못한 상태다.

주물 숭배는 인간이 가공한 물건이나 인간의 손에 의해 부분적으로 가공된 자연 대상을 숭배하는 것이다. 주물 숭배의 대상은 제사의 대상, 주술에 사용하는 물건, 몸에 지녀서 원하는 효과를 얻는다고 기대되는 대상 등이다. 민간 신앙에서 흔히 볼 수 있는 부적은 주물 숭배의 한 예다. 주물 숭배 역시 샤머니즘과 마찬가지로 특정한 개인이나 집단의 성공과 번영만을 바라는 것으로, 보편적이고 본질적인 사랑은 결여되어 있다. 아메리카 인디언 사회의 대표적인 원시종교는 마법사에게서 잘 나타난다. 마법사 또한 샤머니즘과 동일한 차원에 머물러 있다. 원시종교의 사랑은 역사의 전개와 함께 민족 종교 및 계시 종교의 사랑으로 발전한다.

깨우침을 통해 자연과 하나 되는 유교와 불교

종교적 사랑(아가페)은 원시 종교(자연종교)의 사랑을 출발점으로 삼아 민족 종교를 거쳐서 세계 종교에 이르러 성숙한 사랑으로 결실을 맺는다. 유교, 불교, 기독교, 이슬람교는 대표적인 세계 종교로, 힌두교도 어떤 면에서는 세계 종교의 범주에 든다고 볼 수 있다. 일반적으로 유교는 현실 생활을 강조하고 국가 통치의 방책으로 이용되어 왔기 때문에 종교로서의 유교에 대해서는 잘못 알고 있는 면이 많다. 많은 사람들이 유교를 조상 숭배(제사)의 종교 또는 공자를 섬기는 종교로 잘못 이해하고 있는 것이다.

유교는 기본적으로 하늘(天)을 신앙 대상으로 삼아 천인합일(天人合一)을 목적으로 삼는 종교다. 하늘은 주재신(主宰神)이고 우주 만물의 원천이다. 유교의 제사에서 조상님과 공자를 모시는 것은 궁극적으로 하늘을 모시고 경배하는 의식이다. 천인합일의 경지에 도달한 사람은 성인 또는 군자다. 유교는 공자의 사상을 바탕으로 삼으므로 공자교(孔子教)라고도 한다.

유교에서는 인간의 능력을 완전히 순수하고 선한 사단(四端)인 인(仁), 의(義), 예(禮), 지(知), 그리고 선하기도 하고 악하기도 한 칠정(七情)인 희(喜), 노(怒), 애(哀), 구(懼), 애(愛), 오(惡), 욕(欲)으로 구분한다. 인, 의, 예, 지는 천성(天性)에서 물려받은 인간의 본성으로서의 인정(人情)이다. 칠정은 인간의 감정 내지 정서인 인정(人情)으로, 때와 장소에 따라 변하기 쉬우므로 선할 수도 있고, 악할 수도 있다.

칠정 중에서 애(愛)는 남녀 간의 사랑인 에로스에 해당한다. 그러나 유교의 종교적 사랑은 오히려 인(仁)에 가깝다. 유교의 종교적 사랑 역시 에로스와 필리아를 지양하는 아가페로서의 사랑이다. 『논어』에 나오는 인(仁), 효(孝), 제(悌), 화(和), 서(恕) 등은 모두 유교의 종교적 사랑이 포함하고 있는 것들이라고 볼 수 있다.

'효'는 자식의 부모 사랑을 비롯해서 가족과 사회 구성원들 간의 배려와 관심 및 이해가 담긴 사랑이다. '제'는 형제 사이의 사랑이자 친구 그리고 이웃 사이의 사랑이기도 하다. '화'는 가족, 친구, 이웃, 사회 구성원 모두에게 해당하는 사랑이다. 사람들끼리 서로 어질고 너그러운 '인'은 인간들 사이에서 최고의 덕목으로서의 사랑이다. 그러나 이 모든 사랑의 궁극적 목적은 어디까지나 천인합일에 있으므로, 유교의 종교적 사랑은 인간과 우주 자연과의 합일에서 가장 잘 드러난다고 볼 수 있다.

불교의 종교적 사랑은 어떤 것일까? 일반적으로 불교 신자들은 석가모니 불타를 모시고 섬긴다고 말한다. 이런 태도는 세속 불교적 입장이고, 불교의 근본 목적은 견(見) 또는 관(觀), 즉 올바른 봄이며 각(覺), 즉 올바른 깨달음이다.

불교는 이 세상 사해(四海)가 무수한 번민과 고통으로 가득 차 있다는 고제(苦諦), 일상인들인 범부(凡夫)들의 고뇌는 번민과 갈애(渴愛) 때문에 생긴다는 집제(集諦), 고원 갈애를 멸한 열반의 경지가 깨달음의 절대 경지라고 하는 멸제(滅諦), 고(苦)를 없애는 방법인 팔정도(八正道)라고 하는 도제(道諦) 등 네 가지 참다운 진리인 사성제(四聖諦)를 비롯해서 팔정도◆ 및 십이인연(十二因緣)◆을 근본 교리로 삼는다.

팔정도
불교에서 깨달음과 열반으로 이끄는 올바른 여덟 가지 길인 정견(正見), 정사유(正思惟), 정어(正語), 정업(正業), 정명(正命), 정정진(正精進), 정념(正念), 정정(正定)을 말한다.

십이인연
인간의 괴로운 생존이 열두 가지 요소의 순차적인 상관관계에 의한 것임을 설명한 불교 교리. 진리에 대해 무지한 무명(無明)이 근본 원인이며, 행(行), 식(識), 명색(名色), 육처(六處), 촉(觸), 수(受), 애(愛), 취(取), 유(有), 생(生), 노사(老死)가 순차적으로 일어난다.

무장무애(無障無礙)한 깨달음이 불교의 목적이기 때문에 불교의 종교적 사랑은 깨달음에 대한 사랑이라고 할 수 있다. 『법구경』에서 깨달음에 관한 암시를 찾아볼 수 있다.

모든 혼합물은 무상(無常)하다. 한 사람이 이것을 지혜로써 알 때 그는 고(苦)로 찬 이 세계를 마음에 두지 않는다. 이것이 순수함으로 가는 길이다.

모든 혼합물은 고(苦)로 차 있다. 한 인간이 이것을 지혜로써 알 때

그는 고(苦)로 찬 이 세계를 마음에 두지 않는다. 이것이 순수함이 이르는 길이다.

모든 것들은 자아가 없다. 한 사람이 지혜로써 이것을 알 때 그는 고(苦)에 찬 이 세계를 마음에 두지 않는다. 이것이 순수함에 이르는 길이다.

이 법구경의 구절은 색즉시공(色卽是空), 공즉시색(空卽是色)을 깨닫는 지혜를 지시한다. 색(色)은 사물의 세계를 말하고 공(空)은 빈 것 또는 헛것을 말한다. 사물의 세계는 인간의 욕망이 만든 생각의 세계일 뿐이니 헛것이다. 그러나 우리가 헛것 안에서 살고 있으니 헛것은 현실적 사물의 세계다. 이러한 사실을 본질적으로 아는 것이 바로 각(覺), 즉 깨달음이다.

깨달음은 불교의 본질적 진리에 대한 종교적 사랑의 핵심 내용이다. 대승불교(大乘佛敎)◆의 보살행(菩薩行)◆은 불교의 대표적인 종교적 사랑이다. 중생심불심(衆生心佛心)이라는 말은 모든 사람과 사물의 마음이 바로 불타의 마음이라는 뜻이다. 쉽게 말하면 사람은 누구나 깨달음의 경지에 오를 수 있다는 것이다. 보살은 깨달음의 본질에 이른 인간이며, 온갖 비애와 고통 그리고 번뇌를 참고 견디면서 커다란 자비심을 가지고 세상을 감싸 안고 깨달음의 길을 향해 정진한다.

대승불교
중생을 제도하여 부처의 경지에 이르게 하는 것을 이상으로 대승의 교리를 기본 이념으로 하는 불교. 삼론(三論), 법상(法相), 화엄(華嚴), 천태(天台), 진언(眞言), 율(律), 선종(禪宗) 등이 있다.

보살행
보살이 부처가 되려고 수행하는, 자기와 남을 이롭게 하는 원만한 행동

보살은 보리(bodhi)를 추구하는 구도자(求道者)다. 보리는 불타의 올바른 깨달음, 곧 불타정각(佛陀正覺)의 지혜를 일컫는다. 보살은 깨우침을 찾아 정진하며 수행하는 사람이고, 보살행은 깨우침을 얻으려는 불교적 사랑이며, 6바라밀◆ 또는 10바라밀로 설명된다. 바라밀은 "생사의 고(苦)로부터 온갖 번뇌와 고통을 끊은 열반의 경지로 건너가다"라는 뜻이다. 6바라밀은 보시(布施), 지계(持戒), 인욕(忍辱), 정진(精進), 선정(禪定), 지혜(知慧)다. 10바라밀은 6바라밀에 방편(方便), 원(願), 힘(力), 지(智) 등 네 가지를 더한 것이다. 보살행은 중생을 구하고 자신을 헌신하는 보살의 사랑이며, 불교의 대표적인 사랑이다.

바라밀
태어나고 죽는 현실의 괴로움에서 번뇌와 고통이 없는 경지인 피안으로 건넌다는 뜻으로, 열반에 이르는 보살의 수행을 이르는 말

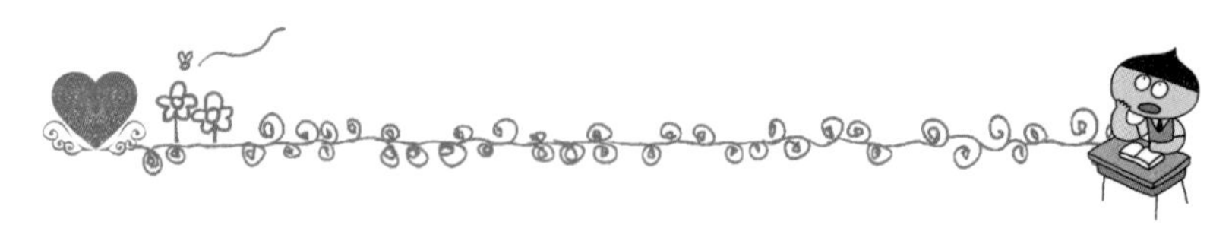

해탈을 향한 헌신

힌두교는 고대 인도의 바라문교가 다양한 민간 신앙과 결합하면서 발전된 인도의 종교이며, 여러 가지 교리, 제도, 의식, 풍속, 습관 등을 포함한다. 바라문교(또는 브라만교)는 범신론적 종교로서, 우주 원리인 범(梵)과 자아의 원리인 아(我)의 합일을 궁극 목적으로 한다. 범은 우주의 최고 원리이고 스스로 존재하는 데 비해서, 아는 개별적 자아의 원리로서 원래의 뜻은 호흡이었다.

『베다』
'안다'를 의미하는 산스크리트어의 동사어근 비드(vid-)에서 파생한 명사로, 원래는 지식일반을 의미하는데, 성스러운 지식, 종교적 지식을 가리키게 되고, 뜻이 전환되어서 그런 종교적 지식을 수록한 성전의 명칭이 되었다.

힌두교의 교리, 제도, 의식, 풍속, 습관 등에 관한 문헌들은 『베다』◆와 『우파니샤드』◆와 『바가바드기타』◆다. 방대한 『베다』는 찬가집 「만트라」와 제의식(祭儀式)인 「브라마나」로 구성되어 있다. 초기 『우파니샤드』 중 몇 가지는 제의서(祭儀書)에 속하지만, 『우파니샤드』는 독립된 베다로 취급된다. 「만트라」는 신에 대한 찬가이며 종교적 노래로 핵심 내용은 신에 대한 사랑이다. 『우파니샤드』는 『베다』의 마지막 부분이지만, 힌두교에서는 『베다』의 가르침을 대표하는 것으로 여겨진다.

'우파니샤드'의 어원은 '비밀스러운 가르침'이다. 전통적으로 브라만교의 가르침은 가치 없는 사람들에게는 금지되었으며, 오로지 끊임없이 성실하게 정진하는 제자들에게만 비밀리에 전수되었다. 열두 종류의 『우파니샤드』에 속하지 않는 것들은 후대에 저술된 것으로서 문학적, 종교적으로 가치가 낮은 것들이다.

『우파니샤드』
산스크리트어로 '(사제 간에) 가까이 앉음'이란 뜻으로, '(스승의 발 아래에) 가까이 앉아 스승에게 직접 전수받는 신비한 지식'이라고 해석되기도 한다. 원 뜻처럼 문헌 대부분이 스승과 제자 사이의 철학적 토론으로 구성되어 있다.

『바가바드기타』
『베다』, 『우파니샤드』와 함께 힌두교 3대 경전의 하나로 꼽히는 철학서

『우파니샤드』에는 다음과 같은 말이 있다.

"우주 전체에 존재하는 것이 브라만이다. 브라만은 실로 전체 우주다."

"모든 사물과 생명체들은 아트만에 의존하는데, 아트만(자아 또는 개별자의 원리)은 우주의 기초이고 브라만이다."

"네가 그것이다."

"내가 브라만이다."

아트만과 브라만은 하나라는 주장이 『우파니샤드』에서 전개되고 있다. 힌두교에서 『우파니샤드』 다음으로 중요한 문헌은 『바가바드기

타』다. 『바가바드기타』는 18장으로 구성된 시인데, 전쟁터에서 서로 적대하고 있는 판다바와 카우라바 두 세력을 자세히 묘사하고 있다.

판다바의 형제들 중 무예와 지략이 가장 뛰어난 아르주나는 웬일인지 갑자기 절망감에 빠져서 더 이상 싸우려고 하지 않았다. 아르주나는 제아무리 막강한 형제들과 함께 싸워서 왕국을 점령한다고 해도 왕국은 이미 폐허가 되어 아무것도 건질 수 없을 지경이 되어 버리고 말 것이라고 생각했다. 그래서 모든 것을 포기하고 은둔자의 삶을 살아가는 것이 보람된 삶이라고 생각했다.

그런데 아르주나의 이런 생각을 훤히 꿰뚫어 보고 있던 마부 크리슈나는 당연한 의무인 전쟁에 참여해서 최선을 다해 싸우도록 충고한다. 『바가바드기타』의 핵심 내용은 마부 크리슈나의 충고다. 크리슈나의 충고는 전쟁의 의무에 대한 충고를 포함해서 삶의 업(業)과 윤회 그리고 해탈에 대한 가르침이기도 하다.

힌두교에서 그리스의 에로스나 로마의 큐피드처럼, 사랑에 해당하는 말은 '카마'다. 카마는 소원, 욕망, 동경, 사랑 등 여러 가지 의미를 지닌다. 카마는 관능적이고 성적인 사랑의 쾌락과 향유에 대한 경험을 지시하기도 한다. 또한 카마는 사랑의 신을 뜻하기도 한다. 사랑의 신은 감각적 욕망과 성적 쾌락을 승화시키는 의미를 가진다.

『바가바드기타』에서는 '카마'보다 '박티'가 한층 더 중요하다. 박티의 원래 뜻은 '먹다, 참여하다, 즐기다, 존경하다' 등이다. 따라서 박티는 카마를 지양하고 극복한 종교적 사랑으로 이해될 수 있다. 『바가바드기타』에서 마부 크리슈나의 가르침은 목샤, 즉 해탈을 목적으로

한다. 일상적인 삶은 세속적 욕망으로서의 사랑인 카마에 물들어 있다. 인간은 무지의 늪에 빠져 허덕이며 번뇌와 고통으로 신음하고 있다. 크리슈나는 카마로부터 해방되어 무지를 벗어남으로써 해탈에 이르는 방법을 가르친다.

크리슈나의 가르침에 따르면 삶에는 다음과 같은 네 단계가 있다.

"첫 단계는 쾌락과 감각적 향유의 단계인데 이것은 카마, 즉 욕망의 단계다. 둘째 단계는 부유함과 번영인 아르타의 단계다. 셋째 단계는 올바름, 곧 다르마의 단계다. 마지막 단계는 무지로부터 정신적으로 해방되고 자유를 얻는 해탈로서의 목샤다. 마지막 단계에서 아트만과 브라만은 합일할 수 있다."

카마는 개인적(주관주의적), 이기적인 자동-에로티즘으로서의 사랑이다. 박티는 카마를 극복한 타인을 배려하는 에로티즘인 동시에 박티 자체를 승화시키는 힌두교의 종교적 사랑이다. 인간의 삶은 어찌 보면 선과 악 그리고 세속적인 것과 종교적인 것이 한데 섞여 꼬리에 꼬리를 물고 축적되는 업(業), 즉 카르마의 연속이다. 업의 연속을 일컬어서 윤회라 한다. 박티는 아트만과 브라만의 합일을 목적으로 삼는 사랑이다. 따라서 박티는 신에 대한 사랑이며 깨달음이며, 해탈로 향하는 헌신이다. 오직 카마의 좁은 감옥에 갇혀 이기적 욕망만을 추구하는 현대인에게 박티야말로 무한한 구원의 샘물이 아닐 수 없다.

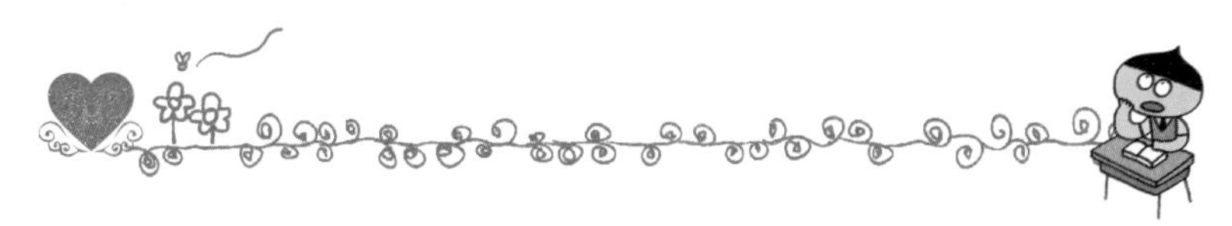

사랑은 인간과 신을 이어주는 힘이다

기독교의 사랑은 절대적인 하나님의 인간 사랑이고 동시에 인간의 하나님 사랑이며 인간의 인간 사랑이다. 기독교는 다른 종교들보다 신앙과 교리가 훨씬 견고하고 체계적이다. 기독교는 유대교를 뿌리 삼아 예수에 의해 기독교로 탈바꿈했다. 예수의 가르침을 체계적 이론으로 정리한 것은 사도 바오로다. 바오로는 원래 그리스 사람으로 그리스 철학(플라톤 철학)에 대한 지식을 지닌 인물로서 예수의 가르침을 정리하고 전파하는 데 일생을 바쳤다.

기독교는 마니교, 조로아스타교, 불교 등으로부터 영향을 받았고, 10세기 전후로는 유대 철학과 이슬람 철학으로부터도 지대한 영향을 받았다. 기독교 교리의 초기부터 중기까지는 플라톤 철학(플로티노스의 철학과 함께)의 영향을 많이 받았고, 중기 이후에는 아리스토텔레스 철학의 영향을 많이 받았다.

『구약성서』에 처음 등장하는 사랑 개념은 유대 경전 『토라』◆에서 볼 수 있는 서막적 사랑인 헤세드◆와 동일하다. 하나님은 「출애굽기」에서 모세에게 십계명을 주면서 명령한다.

> **『토라』**
> 구약성서의 첫 다섯 편으로, 창세기·탈출기·레위기·민수기·신명기를 말한다. 흔히 모세오경이나 모세율법이라고도 하며 유다교에서 가장 중요한 문서이다. 히브리어로 '가르침' 혹은 '법'을 뜻한다.
>
> **헤세드**
> 절대적인 주권자가 신민에게 베푸는 무조건적인 사랑, 곧 은혜를 뜻하는 말로, 신이 인간에게, 혹은 윗사람이 아랫사람에게 베푸는 호의를 뜻하기도 한다.

"그러나 나를 사랑하고 나의 계명을 지키는 사람에게 나는 수천 자손에 이르기까지 한결같은 사랑을 베푼다."

기독교 사랑의 출발점은 신의 인간에 대한 사랑이며, 이것으로부터 인간의 신에 대한 사랑이 뒤따른다. 「요한복음」에 나오는 사랑은 「출애굽기」의 사랑을 더 구체화하고 상세하게 설명한다.

"하나님은 사랑입니다. 사랑 안에 있는 사람은 하나님 안에 있고, 하나님도 그 사랑 안에 있습니다. …… 하나님을 사랑하는 사람은 자기의 형제자매도 사랑해야 합니다. 우리는 이 계명을 주님으로부터 받았습니다."

기독교 사랑의 절정은 「고린도전서」에서 가장 잘 나타난다.

"이제 내가 가장 좋은 길을 여러분에게 보여 드리겠습니다. 내가 사람과 천사의 방언으로 말할지라도 나에게 사랑이 없으면 그것을 울리는 징이나 요란한 꽹과리가 될 것입니다. …… 사랑은 오래 참고 친절합니다. 사랑은 시기하지 않고 뽐내지 않으며 교만하지 않습니다. 사랑은 무례하지 않으며 자기의 이익을 구하지 않고 성내지 않으며 원한을 품지 않습니다. 사랑은 불의를 기뻐하지 않으며 진리와 함께 기뻐합니다. 사랑은 모든 것을 덮어 주고 모든 것을 믿으며 모든 것을 바라고 모든 것을 견딥니다. 사랑은 없어지지 않습니다. 그렇지만 예언도 사라지고 망언도 그치며 지식도 사라집니다. …… 그러므로 믿음, 소망, 사랑 이 세 가지는 언제나 있을 것이고, 그중에서 사랑이 으뜸입니다."

기독교의 사랑은 삼위일체(三位一體)의 사랑이다. 신의 인간에 대한 사랑과 인간의 신에 대한 사랑 그리고 인간의 인간에 대한 사랑은 사랑 자체인 신 안에서 하나가 된다. 믿기 위해서 사랑의 힘이 필요하고 원하기 위해서도 사랑의 힘이 필요하기 때문에, 믿음과 소망과 사랑 중에서 사랑이 으뜸이라고 한다.

그렇다면 이슬람교의 사랑은 어떤 의미일까? 기독교의 모체가 유대교인 것처럼 이슬람교의 모체는 기독교다. 마호메트는 6세기에 기독교를 바탕으로 이슬람교를 창시했다. 이슬람교는 유일신 알라를 절대신으로 삼으며, 이슬람교의 신앙과 행위에 대한 규범은 이슬람 경전 『코란』과 전승 기록(傳承記錄)인 『순나』에 기록되어 있다. 이슬람 철학은 주로 플라톤과 아리스토텔레스의 영향을 받아 합리주의적이며 주지주의(主知主義)◆ 성격이 강하다.

11~12세기에 수피주의◆ 운동이 강해지면서 이슬람교에서는 신비주의가 번성하게 되었다. 수피주

주지주의
감정이나 행동보다는 지성이나 이론, 사유 등 지적인 것을 중시하는 사상이나 진리는 이성에 의해 얻는다고 보는 합리주의적 사상

수피주의
금욕과 고행, 청빈을 중시하는 하는 것으로, 이슬람교의 신비주의자를 수피라고 하는데, 이들은 금욕과 고행을 중시하고 청빈한 생활을 이상으로 삼았으며 알라와의 합일 경험을 중시했기 때문에 한때 이슬람 정통 교단으로부터 이단으로 몰리기도 했다.

이븐 다우드 이스파하니(868~909)
아랍어와 이슬람 법률을 다룬 중세 신학자, 철학자

아흐마드 가잘리 (1061?~1123?)
페르시아의 신비주의자, 작가, 설교가

의자들은 이성을 배격하고 직관적인 영광스러운 지식에 의해 알라와 합일할 수 있다고 믿었다. 즉, 신비적인 정신적 직관에 의해 알라와 합일할 수 있다고 믿은 것이다.

9세기 말 이븐 다우드 이스파하니◆는 『꽃의 책』에서 플라톤적 사랑을 '신적 광기'라고 했다. 그는 플라톤의 에로스를 관능적인 사랑, 성적인 사랑, 이웃 사랑으로 보지 않고 오히려 알라신과 합일하에 할 수 있는 신적 광기로 보았다. 12세기 아흐마드 가잘리◆는 『사랑에 충실한 자들의 직관』에서 다음과 같이 말한다.

"확실히 사랑이 존재하면 사랑하는 자는 사랑받는 자의 양분을 얻는다. …… 그러면 나비는 불꽃에 도달할 때까지 계속 날지 않으면 안 된다. 그런데 나비가 거기에 도달했을 때 나비가 불꽃을 향해 나아가는 것이 아니라, 불꽃이 그 속으로 돌진해 오는 것이다. 불꽃이 나비의 양분이 아니라, 나비가 바로 불꽃의 양분임에 틀림없다. 여기에 위대한 신비가 있다. 그리고 순식간에 그는 그 자신의 사랑의 대상 자체로 된다." (H. 코르방, 김정위 옮김, 『이슬람 철학사』)

이슬람교의 종교적 사랑은 유한자 인간과 전지전능한 무한자 신을 매개하는 힘이다. 이슬람교의 사랑은 기독교의 사랑과 마찬가지로 신의 인간에 대한 사랑, 인간의 신에 대한 사랑 및 인간의 인간에 대한 사랑을 통일하는 종교적 사랑이다.

생각해 볼 문제

❶ 키르케고르가 말한 미적 실존, 윤리적 실존, 종교적 실존은 무엇인가? 미적 실존이 왜 관능적 사랑인지 이야기하고 관능적이고 성적인 사랑의 특징과 한계를 이야기해 보자.

❷ 에로스, 필리아, 아가페는 모두 사랑을 뜻한다. 각각의 의미를 구분해서 밝혀 보고 특히 필리아의 특징을 설명해 보자. 또한 필로소피아는 무엇을 뜻하는가?

❸ 종교의 역사적 발전 단계를 말해 보자. 원시종교의 형태를 몇 가지 제시해 보자. 샤머니즘의 특징은 어떤 것이며 샤머니즘의 사랑은 무엇인지 밝혀 보자.

❹ 유교에서 애(愛)와 인(仁)은 둘 다 사랑을 의미하지만 서로 다른 사랑을 뜻한다. 애와 인은 각각 어떤 사랑을 뜻하는가?

❺ 힌두교 신앙은 아트만과 브라만의 합일을 목적으로 삼는다. 카마와 박티는 각각 범아일여에서 어떤 역할을 행하는 사랑인가?

❻ '믿음과 소망과 사랑 중에 사랑이 으뜸이다'라는 말은 기독교의 사랑을 대표한다. 그렇다면 왜 사랑이 으뜸이라고 했는지 이야기해 보자.

❼ 이슬람교의 종교적 사랑은 신비스러운 정신적 직관이다. 이슬람교의 사랑에는 어떤 특징이 있는가?

청소년을 위한 사랑 에세이

초판 1쇄 2016년 5월 15일
초판 2쇄 2020년 11월 5일

지은이 | 강영계
펴낸이 | 송영석

주간 | 이혜진
기획편집 | 박신애 · 김단비 · 심슬기 · 김다정
외서기획편집 | 정혜경
디자인 | 박윤정
마케팅 | 이종우 · 김유종 · 한승민
관리 | 송우석 · 황규성 · 전지연 · 채경민

펴낸곳 | (株)해냄출판사
등록번호 | 제10-229호
등록일자 | 1988년 5월 11일(설립일자 | 1983년 6월 24일)

04042 서울시 마포구 잔다리로 30 해냄빌딩 5 · 6층
대표전화 | 326-1600 **팩스** | 326-1624
홈페이지 | www.hainaim.com

ISBN 978-89-6574-552-5

파본은 본사나 구입하신 서점에서 교환하여 드립니다.

이 도서의 국립중앙도서관 출판예정도서목록(CIP)은 서지정보유통지원시스템 홈페이지(http://seoji.nl.go.kr)와
국가자료공동목록시스템(http://www.nl.go.kr/kolisnet)에서 이용하실 수 있습니다.(CIP제어번호: CIP2016010261)